미래의 나를
구하러 갑니다

후회는 줄이고 실행력은 높이는 자기조절의 심리학

FUTURE SELF

미래의 나를
구하러 갑니다

변지영 지음

더퀘스트

후회는 줄이고 실행력은 높이는 자기조절의 심리학

미래의 나를 구하러 갑니다

초판 발행 · 2023년 8월 9일
초판 4쇄 발행 · 2024년 8월 19일

지은이 · 변지영
발행인 · 이종원
발행처 · (주)도서출판 길벗
브랜드 · 더퀘스트
출판사 등록일 · 1990년 12월 24일
주소 · 서울시 마포구 월드컵로 10길 56(서교동)
대표전화 · 02)332-0931 | **팩스** · 02)323-0586
홈페이지 · www.gilbut.co.kr | **이메일** · gilbut@gilbut.co.kr

기획 및 책임편집 · 박윤조(joecool@gilbut.co.kr) | **편집** · 안아람, 이민주
마케팅 · 정경원, 김선영, 정지연, 이지원, 이지현 | **유통혁신팀** · 한준희 | **제작** · 이준호, 손일순, 이진혁
영업관리 · 김명자, 심선숙 | **독자지원** · 윤정아

교정교열 및 전산편집 · 이은경 | **표지디자인** · 디자인[★]규 | **CTP 출력, 인쇄, 제본** · 금강인쇄

ISBN 979-11-407-0504-7 03180
(길벗 도서번호. 040250)

정가 16,800원

독자의 1초까지 아껴주는 길벗출판사

(주)도서출판 길벗 | IT교육서, IT단행본, 경제경영서, 어학&실용서, 인문교양서, 자녀교육서 **www.gilbut.co.kr**
길벗스쿨 | 국어학습, 수학학습, 어린이교양, 주니어 어학학습, 학습단행본 **www.gilbutschool.co.kr**

페이스북 **www.facebook.com/thequestzigy**
네이버 포스트 **post.naver.com/thequestbook**

내가 정말 원하는 것이 무엇이었는지,

내가 어떤 사람이 되고 싶었는지를 우리는 종종 잊어버립니다.

한편으로는 해야 할 일들의 목록을 처리하면서 바쁘고,

다른 한편으로는 이를 보상하기 위해 즉각적 만족을 주는

소비활동(쇼핑이나 TV 시청처럼)에 몰두하다 보니

무엇이 내게 "진짜"인지, 혹은 중요한 것인지

알지 못하게 되어버립니다.

- 하르트무트 로자*

미래를 내 편으로 만들려면
내가 미래의 편에 서야 한다

"저는 자존감이 낮아서 칭찬을 들어야 일을 더 잘하게 돼요."

기업 상담에서 만나는 30대 직장인들에게서 자주 듣는 얘기입니다. 모두 회사에서 성장하고 능력을 인정받고 싶은 열의는 있습니다. 하지만 어쩌다 상사에게 부정적인 피드백을 받으면 기분이 가라앉아 업무에 집중하지 못하곤 하죠. 이때 낮은 자존감을 탓하며 힘들어하는 사람들에게 저는 이렇게 말합니다.

"그건 자존감과 아무 관계가 없어요."

오늘날 심리학 분야의 지식과 정보가 대중에게 널리 소개되면서 자신에 대한 이해가 풍부해지고 관심이 깊어졌습니다. 하지만 무슨 문제만 있어도 기승전 '과거' 또는 기승전 '부모의 양육 문제'로 귀결하거나 성격 탓이다, 자존감 문제다, 아니면 애착 문제 탓이라고 스스로 꼬리표를 붙여 합리화하는 경우도 종종 맞닥뜨립니다. 심리학 용어를 새로 배울 때마다 이것 때문이야, 저것 때문이야, 단어만 바꾸면서 폐쇄회로에 갇힌 것처럼 제자리를 맴도는 분이 많습니다. 하지만 문제를 잘못 규정하면 당연히 해결도 어렵습니다. 또 한편으로 당신은 당신의 과거보다 큰 사람이며, 당신이 생각하는 것 이상으로 문제를 직면하는 힘이 있는 사람입니다. 눈앞의 문제에 매몰되지 않고 한 발짝 떨어져 더 많은 가치를 생각하고 추구할 수 있는 존재이기도 합니다. 다시 앞의 자존감 씨에게로 돌아가 얘기를 이어가보죠.

"칭찬을 들어야 일을 잘하게 되는군요?"

"네. 저는 잘한다고 얘기해주면 더 열심히 하는데, 왜 회사에서는 칭찬과 격려에 그렇게 인색한지 모르겠어요."

"아, 그렇군요. 혹시 선생님은 칭찬을 들으려고 입사했나요?"

"네?"

"선생님에게는 칭찬 듣고 당장 기분 좋은 것이 중요한가요, 아니면 부족한 부분을 계속 배우고 익혀서 업무를 더 잘하게 되는 것이 중요한가요?"

"당연히 저도 더 배워서 성장하고 싶죠."

"그렇다면 힘들더라도 계속 시행착오를 거쳐야겠네요?"

"……."

"당장은 기분이 좀 나쁘더라도 거기에 너무 많은 의미를 두지 마세요. 맥락을 놓치게 되니까요. 성장하려면 자신의 일부를 부수고 비우고 내어주어야 하거든요. 흔한 말로 깨져야 합니다. 편안하게 배우는 건 없으니까요. 상사에게서 부정적인 얘기를 들으면 그만큼 배울 수 있겠네요."

"그래도 좀 좋은 말로 격려하면서 가르쳐줄 수도 있잖아요."

"다들 각자의 전투를 치르느라 자원이 충분치 않아서 그럴 겁니다. 칭찬도 격려도 공감도 다 추가적인 인지 노력이 들어가거든요."

"그럼 전 계속 그냥 참아야 하나요?"

"참으라는 게 아니라 맥락을 보자는 겁니다. 똑같은 일을 겪더라도 목표가 무엇이냐에 따라 경험되는 감정이 달라져요. '잘한다!' 소리를 듣는 것이 목표일 때는 지금 좋은 말을 듣지 못하면 괴로워지죠. 하지만 더 배워서 성장하는 것이 목표라면 당장 칭찬을 듣는 것이 별 의미가 없습니다. 따라서 타인의 평가에 관대해지죠. 괴로울 이유가 없어집니다."

"그럼 정말 자존감 문제가 아닌 건가요?"

"무엇에 가치를 둘 것인가, 내 삶에 무엇이 정말 중요한가를 결정하고 그에 따라 실행하는 문제에 더 가깝죠."

8

당신이 고민하느라 마음이 힘들거나 무언가를 갈망하거나 지난 일을 후회한다는 것은, 뒤집어 말하면 당신이 원하는 삶의 모습이 있다는 뜻입니다. 그렇다면 여러분은 5년 뒤, 10년 뒤 자신의 모습을 얼마나 구체적으로 떠올릴 수 있나요? 그때의 나는 지금의 나와 무엇이 비슷하고 무엇이 달라져 있을까요?

미래자기future self에 대한 그림이 없으면 내가 경험한 것이 전부인 양 착각하기 쉽습니다. 순간순간의 상황에 대처하느라 바빠 정작 본질은 놓치고 말죠. 잘못된 판단과 결정으로 미래의 자신에게 불리한 결과를 만들어낼 수도 있어요. 미래자기를 염두에 두고 좀 더 중요한 가치와 삶의 목적에 대한 생각을 정리해두지 않으면 효과적으로 의사결정을 하기가 어렵습니다. 지금 불편한 것, 지금 싫은 것은 다 피하고 당장 편하고 좋은 것에만 주의가 쏠릴 수 있죠. 자존감이나 인간관계 등 언뜻 보면 '의사결정'의 문제로 보이지 않는 어려움조차 미래와 관련된 '선택'과 '목표'의 영향을 받습니다. 이런 연결고리들을 구체적으로 잘 알아차리지 못하면 기분이 좋으면 좋은 대로, 나쁘면 나쁜 대로 감정적으로 대처하고 후회하는 일이 많아집니다. 생각은 많은데 실행하기 어렵거나 결정적 핵심을 놓치기도 합니다. 이 모두가 '자기조절self-regulation'이 잘 안 되는 현상들이죠. 이렇게 자기관리와 직결되는 자기조절은 공감과 깊은 관련이 있습니다.

"자기조절이란 미래자기에 대한 공감이다."

2016년 12월 7일, 저명한 과학저술가 에드 용Ed Yong은《애틀
랜틱The Atlatic》에 위와 같은 제목의 칼럼을 게재했습니다.[1] 관점이
매우 신선하고, 최신 연구논문을 인용했죠.[2] 심리학에서 '자기조
절'은 전두엽frontal lobe의 '차가운 기능'으로, 조망수용perspective
taking이나 공감처럼 타인의 마음을 읽는 능력은 측두-두정 연접부
temporo-parietal junction의 기능으로 알려져 있었습니다. 그런데 몇
몇 학자가 타인을 나처럼 느끼는 공감 능력이 미래자기를 현재의
자신처럼 느끼는 능력과 거의 유사하다는 주장을 제기했죠. 둘 다
'지금의 나'에서 '지금의 타자' 또는 '미래의 나'로 주의의 초점을
옮기는 능력이기 때문에 비슷한 뇌 활동을 보인다는 것입니다. 게
다가 이러한 공감이 활발히 이루어질수록 미래자기에게도 더 잘
공감해서 장기적 관점을 가지고 살아가게 되므로 결과적으로 자기
조절 능력이 높아진다는 것이 칼럼의 설명이었습니다. 심리학에서
사실상 별개의 연구 영역이었던 '공감'으로 '자기조절'을 풀어내
다니, 매우 낯선 접근방식이었죠. 그리고 당연히 탐구해볼 만한 주
제였습니다.

미래의 나에게 공감할수록 현재의 나를 더 잘 조절할 수 있다?

그렇다면 오늘의 나와 미래자기의 관계야말로 내 삶을 더 똑똑하게 꾸려나가는 열쇠가 아닐까요? 이 책은 이 질문에서 시작되었습니다. 에드 용이 칼럼을 게재한 2016년 무렵만 해도 관련 주제의 근거가 책 한 권에 다 들어갈 만큼 충분하지 못했죠. 그 뒤로 7년이 지나는 사이 뇌과학 연구가 많이 축적되어 지금은 더 상세한 이해가 가능해졌습니다.

늘 열심히 살아왔으나 후회가 많고, 생각은 있으나 실행으로 옮기지 못하는 분들을 위해 이 책을 썼습니다. 이 책은 후회를 줄이고 실행력을 높이기 위해 미래자기의 이미지와 생각을 활용하는 방법을 안내합니다. 미래자기를 나침반 삼아 방향을 잡고, 지금 해야 할 일을 효과적으로 선택하고 실행할 수 있다면 훨씬 만족스러운 삶을 살아갈 수 있습니다.

미래의 나를 곤경에 빠뜨리는 것도 구하는 것도 오늘의 내가 하는 일입니다. 지금의 나에게 앞으로의 날들과 운명이 달려 있습니다. 멀리 내다보고 장기적 관점에서 유리한 것만 실천하기란 쉽지 않죠. 미래의 나를 염두에 두고 돌보는 마음으로 살아간다면, 지금의 내가 미래의 나를 구할 수도 있고, 미래의 내가 지금의 나를 이끌어가는 힘을 발휘하기도 합니다.

지금 고민하는 문제가 있다면 한번 스스로에게 물어보세요.

- 5년 뒤, 10년 뒤 미래의 나에게 이 문제는 어떤 의미가 있을까?
- 후회를 덜 하려면 어떻게 예측하고 선택해야 할까?

이 질문에 답하는 상세한 방법들을 아홉 장에 담았습니다. 1부는 우리가 미래를 생각하는 방식에 대한 심리학적 설명으로 시작합니다. 그러고 나서 바라는 것을 현실로 만드는 법과 목표를 달성하기 위한 인지적 전략들을 살펴봅니다. 2부에서는 계획만 세우고 실천하지 못해 힘든 '프로결심러'들을 위해 자기조절에 도움이 될 만한 개념과 방법들을 소개합니다. 책의 마지막 면까지 읽고 나면 여러분의 미래가 좀 더 구체적으로 가깝게 느껴질 것입니다. 그리고 지금의 문제들에 대한 훨씬 명확한 해결책을 스스로 얻을 수 있으리라 기대합니다.

미래는 이미 지금 내 곁에 와 있습니다. 지금부터 이런 미래를 어떻게 구체적으로 실감하면서 그것이 현재를 움직이게 할 수 있는지 함께 살펴보겠습니다.

미래의 나를 만나러 갈 준비가 되셨나요?

차 례

프롤로그 미래를 내 편으로 만들려면 내가 미래의 편에 서야 한다 6

1부 | 후회를 줄이는 예측

1장 이미 와 있는 미래

선택이 낳은 부정적 감정, 후회 21 | 후회의 쓸모 23 | 고민이 클수록 후회도 크다 26 | 덜 후회하는 법 28 | 우리가 미래를 생각하는 방식 29 | 과거 기억과 미래 시뮬레이션 39 | 현재를 움직이는 미래 41

2장 더 잘 연결되는 법 미래자기

미래의 나, 현재의 나 47 | '현재의 나'는 힘이 세다 48 | '미래의 나'는 남이다? 50 | 미래 자기연속성의 문제: 왜 늘 미뤄 버릇하는가? 51 | 생생할수록 더 챙긴다 53 | 자기조절과 자원 할당 능력 54 | 미래 감정 예측의 심리학 55 | 미리보기의 힘 58
Meet Your Future Self 미래자기 61

3장 바라는 바를 현실로 만들려면 심리대조

환상실현이론: 이루어지는 꿈의 비밀 65 | 불일치를 부각하는 전략 66 | 뇌를 준비시키는 심리대조의 효과 68 | 실행의도: 목표 추구의 전략적 자동화 70 | "X라면 Y하자" 73 | 심리대조와 실행의도가 만나면: MCII 76 | 좋은 행동을 즉각 실행하고 지속하게 만들기 79
Meet Your Future Self MCII 응용 연습 82

4장　생각과 노력은 비싸다　　인지제어

생각의 비용: 의지력이 아닌 의사결정 문제 89 | 노력도 선택이다 90 | 자기통제의 본질: 대결이 아니라 협상이다 92 | 시점 간 선택의 심리학 94 | 저울질의 최적점 97 | 제어 예상 가치 이론 99 | 제어 할당과 집행의 뇌과학 101 | 도파민과 '원트' 103 | 도파민, 의욕, 노력 104 | 게임화: 비용은 적게, 가치는 크게 107

2부 | 실행력을 높이는 예측

5장　자동으로 이루어지도록　　습관 설계

의지 부족이 아니라 설계 결함입니다 114 | 골칫거리에서 똑똑한 시스템으로 116 | 습관의 신경생물학 117 | 습관은 무엇이며 어떻게 형성되는가 119 | 좋은 습관을 정착시키는 원리와 전략 122 | 건강 개선 프로그램 만들어보기 130 | 똑똑한 습관과 목표 추구가 만나면 133

6장　더 나은 결정,　더 나은 선택의 비밀　　해석 수준

심리적 거리에 따라 해석이 달라진다 137 | 바람직한가 vs 실현 가능한가 139 | 뇌는 실현 가능성을 보고 준비한다 140 | 하위 수준 해석과 '구체성'의 힘 141 | 상위 수준 해석과 '추상성'의 힘 144 | 해석 수준의 개인차를 염두에 둘 때 145 | 해석 수준과 호감도 147 | 멀어져야 삶의 방향이 보인다 149
Meet Your Future Self 해석 수준 152

7장　나에 대한 믿음은 어떻게 만들어지나　자기효능 기대

자기조절이라는 삶의 기술 156 | 자신의 능력에 대한 예측 157 | 자기효능 기대에 대한 다섯 가지 오해 159 | 상황에 따라 달라진다 161 | 자기효능 기대를 만드는 다섯 요소 162 | 자기조절에 끼치는 영향 1: 목표와 동기 164 | 자기조절에 끼치는 영향 2: 피드백과 해석 166 | 자기효능 기대의 함정과 조건 170 | 기대가 미래를 만든다 171

8장　실패와 실수를 잘 활용하려면　마인드셋

끝까지 해내는 힘 175 | 사람은 안 변해 vs 누구나 변해 176 | 마인드셋과 미래 178 | 전반적 마인드셋 vs 영역별 마인드셋 179 | 마인드셋에 따라 목표도 달라진다 180 | 실수에 유연하게 대처하는 자세 182 | 성장 마인드셋과 자기효능 기대의 시너지 184

9장　자기조절의 방향과 기준　우선순위

내가 왜 이걸 하려는 거지? 191 | 나의 우선순위: 모든 것을 잘할 수는 없다 193 | 나에게 더 중요한 것 찾아보기 195 | 목표를 제시하는 법 199 | 목표를 보호하는 법 201 | 목표와 현재 사이, 간극 드러내기 203
Meet Your Future Self 미래의 나를 구하러 가는 여정 205

에필로그 내일이라는 집 206
감사의 글 210
주석 212

인간은 시간의 깊이를 갖는 존재입니다. 어떤 경험도 현재만을 의미하지는 않죠. 모든 경험에는 과거 기억, 미래에 관한 지향이나 예측이 포함되어 있습니다. 스마트폰이 없던 시절에는 과거와 미래의 풍경 속에서 현재의 삶을 '여정'으로 바라보며 살아가는 사람들이 꽤 많았죠. 그런데 요즘은 대다수가 하루하루 살아가기에도 벅차합니다. 미래는커녕 다음 주조차 내다보기 어려울 정도로 '지금'이 좁아져버렸습니다. 빠르게 생각하고 즉각적으로 선택해야 하죠. 그러다 보니 '지금의 문제'가 너무 커 보이고, 이는 불만족이나 후회, 나아가 자기조절 문제 등으로 이어지곤 합니다. 미래의 나와 더 긴밀하게 연결되어 멀리 바라보는 안목을 기를 수 있다면 무엇이 달라질까요?

FUTURE SELF

1부 | 후회를 줄이는 예측

FUTURE
SELF

1장
이미 와 있는 미래

미래에 대한 생각이 우리의 현재를 움직입니다.
최적의 미래예측은 '자기조절'입니다.

사람들은 무슨 생각을 가장 많이 할까요? 좋았던 시절을 추억하거나 안타까운 일을 후회하듯이 과거 생각을 주로 할까요? 예상외로 사람들은 과거보다는 미래를 생각할 때가 두 배에서 세 배 더 많은 것으로 나타납니다.[1] 연구에 따르면 우리는 '평균 15분에 한 번씩' 미래를 생각합니다.[2]

그도 그럴 것이 우리는 하루도 빠짐없이 지금 이후의 일을 예상하며 살아갑니다. '편의점에 그게 있을까?' '택배가 이번 주 안에는 와야 하는데, 오겠지?' '부장 표정을 보니 오늘 회의에서 또 깨지겠군. 뭐라고 말하지?' '얘는 왜 여태 답이 없지? 내 카톡을 무시한 건가?' '건강검진 예정일이 다음 달이던가?' 이렇게 타인이나 외부 환경에 잘 대처하기 위해 있을 법한 일을 상상하고 추리하면서 많은 시간을 보내지요.

무언가를 미리 내다보고 예측하는 것은 우리 삶을 가득 메운 선택과 결정에 매우 커다란 영향을 끼칩니다. 나쁜 일을 피하고 좋은 것을 얻기 위해 우리는 미래와 과거 사이로 수시로 시간여행을 합니다. 과거에 비슷한 경험이 있었다면 그 경험을 토대로 미래를 예측하고, 직접 경험하지 않았다면 주변 사람들의 경험이나 책, 영화,

TV, 인터넷 등에서 얻은 정보를 토대로 미루어 짐작합니다. 크고 작은 결정들 모두가 미래의 나에게 긍정적이거나 부정적인 결과와 감정들을 갖다주지요. 그래서 때로는 보이지 않는 미래에 대해 불안해하거나 답답함을 느낍니다. 되도록 후회하고 싶지 않으니까요. 미래를 잘 예측할 수 있다면 더 나은 선택과 결정을 할 수 있을까요? 어떻게 가능할까요?

선택이 낳은 부정적 감정, 후회

후회란 과거에 내가 하거나 하지 않은 일에 대한 유감을 뜻합니다. 선택에 따른 결과가 좋지 않을 때 우리는 불편한 감정을 경험하는데, 특히 그 결과의 원인이 나에게 있고 그 일을 돌이킬 수 없다고 생각할 때 더 고통스럽습니다. 슬픔이나 실망감으로 느껴지기도 하고 섭섭함이나 불만, 또는 죄책감이나 회한으로 다가오기도 합니다. 과거의 어떤 결정이 뭔가 잘못되었다고 생각할 때 경험하는 감정이지요.

'한 것'과 '할 수 있었던 것'을 비교하고, 가능한 대안 중에서 최선의 결정을 내리지 못했다는 사실을 깨달을 때 우리는 후회를 경험합니다.[3] 후회는 의사결정과 연결된 아주 독특한 감정입니다. 슬픔과 분노를 비롯한 대다수 부정적 감정은 선택 없이 경험할 수 있지만, 후회는 반드시 '선택'이라는 맥락에서만 경험할 수 있습니다. 다시 말해 선택이 없다면 후회도 없습니다.[4]

살면서 여러분이 가장 자주 경험한 부정적 감정은 무엇인가요? 외로움? 슬픔? 화? 설문조사를 해보면 뜻밖에도 사람들이 가장 자주 경험하는 부정적 감정은 '후회'입니다. 인간이 느끼는 부정적 감정의 빈도와 강도에 관한 연구들에 따르면, 나이·성별·인종·국가·종교·사회적 지위와 상관없이 가장 빈번하게 느끼는 감정이자[5] 불안·실망감·두려움·죄책감·슬픔보다 더 강렬하게 인식되는 감정이 후회[6]라고 합니다. 사람들은 후회하는 경험에 대해 이렇게도 저렇게도 생각해보면서 그 의미를 이해하고자 애씁니다.

공부를 더 할걸, 그때 직업을 바꿀걸, 돈을 좀 모아둘걸, 부모님에게 더 잘할걸, 그 친구를 만나지 않았어야 했는데……. 돈·건강·가족·종교·여가·친구·연애·일·직업·교육 등 사람들이 후회하는 주제는 다양합니다. 그럼 이 중 무엇에 관한 후회를 가장 많이 할까요?

'그렇게 했더라면' 또는 '그렇게 하지 않았더라면'처럼 사실과 반대되는 가상의 대안을 떠올리는 것을 사후가정사고counterfactual thinking라고 해요. 이 분야의 대표적 연구자인 노스웨스턴대학교의 심리학자 닐 로즈Neal Roese는 후회에 관한 기존 연구들을 모아 메타분석을 해보았습니다.[7] 그 결과, 미국 사람들이 삶에서 가장 많이 후회하는 주제 1순위는 교육과 공부였습니다. 2순위는 일과 직업, 3순위가 연애로 나타났죠. 연구자들은 선택의 폭이 큰 영역일수록 부정적인 결과를 맞닥뜨렸을 때 더 크게 후회하는 경향이 있다고 설명합니다. 어떤 교육을 받고 어떻게 공부를 했는가, 어떤 직업으로 사회생활을 시작했는가, 누구와 어떤 연애를 했는가는 삶에 크게 영향을 끼치는 요소이면서도 선택의 폭이 매우 방대하다고 볼 수 있죠. 물론 누구에게나 나름의 어려움과 한계가 있지만, 그럼에도 자신의 선택에 따라 결과가 크게 달라질 수 있는 영역이기에 더 크게 후회할 수 있습니다.

후회의 쓸모

네덜란드 틸부르흐대학교의 심리학자 마르설 질렌베르그Marcel Zeelenberg는 후회라는 경험에 각별한 관심을 가졌습니다. 질렌베르그는 왜 사람들이 후회를 이렇게 자주 경험하는지, 다른 부정적 감정보다 후회라는 감정을 유달리 크게 느끼는지에 주목했고, 후회가 의사결정에 끼치는 영향에 관해 연구했습니다.

질렌베르그는 후회에도 나름의 기능이 있다고 주장합니다. 후회라는 감정에는 미래에 더 나은 의사결정을 할 수 있게 촉진하는 기능이 있다는 얘기입니다. 질렌베르그에 따르면 과거의 뼈아픈 실수로부터 배우고, 자신과 주변 세계를 더 잘 이해하게 해주며, 미래에 무언가를 하거나 하지 않도록 도와주는 경험이 후회입니다.[8]

후회에는 여러 가지 흥미로운 특징이 있는데, 그중 하나는 꼭 지나간 과거의 일에만 후회를 느끼지는 않는다는 사실입니다.[9] 어떤 의사결정을 하기 전에 '미리 후회를 느껴볼' 수도 있는데, 이를 예상된 후회anticipated regret라고 합니다. '지금 사과하지 않으면 나중에 후회할 거야'와 같은 믿음이나 생각이죠.

무언가를 할까 말까 선택하는 상황에서 우리는 미래 시점으로 마음 여행을 합니다. '이렇게 한다면 어떤 기분이 들까?'를 직관적으로 떠올립니다. 처음에는 조금 망설이다가도 마음 여행을 해보니 '곧 후회하게 될 거야'라는 내면의 목소리가 들려온다면 생각이 한결 명확해지지요. 예상된 후회를 피하고자 '그 일을 하지 않기로' 결정합니다. 반대로 과거에 그와 비슷한 기회를 놓친 적이 있어서 두고두고 후회했다면 '이번에 안 하면 또 후회할 거야. 하자!'라는 결론에 이를 수 있습니다. 그 과정에서 학습과 더 나은 선택이 이루어집니다. 후회는 사람들이 피하고 싶어하는 강력한 감정이자 보편적으로 일어나는 경험[10]이므로 의사결정에 다양한 방식으로 영향을 끼칩니다.[11]

부정적인 감정에는 나름의 기능이 있습니다. 첫째, 의미를 만들어냅니다. 과거에 일어난 일들의 의미를 이해하게 하고, 바람직하지 않은 결과를 받아들이도록 도와줍니다. 둘째, 바람직한 것에 다가가는 동기로 작용합니다. 미래에 어떻게 행동해야 할지, 그러기 위해 무엇을 준비해야 할지 알려줍니다. 셋째, 바람직하지 않은 것들을 피하고 같은 실수를 반복하지 않도록 해서 위험하거나 해로운 것들로부터 보호해줍니다. 넷째, 나 자신의 특성을 통찰하게 하고, 내 행동이 어떤 영향을 끼치는지 더 잘 이해하도록 도와줍니다. 다섯째, 사회적 조화를 촉진합니다. 부정적인 감정은 관계에 어떤 문제가 있는지 드러내어 대화하도록 이끌죠. 서로 무엇을 생각하고 느끼는지 이해하도록 도와줍니다.

닐 로즈 연구팀은 부정적인 감정이 이러한 심리적 기능을 얼마나 잘 수행하는지 알아보기 위해 열두 가지 감정에 대한 사람들의 믿음을 평가해보았습니다.[12] 후회·분노·불안·지루함·실망·혐오·두려움·좌절·죄책감·질투·슬픔·수치심 각각이 위의 다섯 가지 기능을 얼마나 갖고 있다고 생각하는지 사람들에게 물었습니다. 예를 들어 '과거에 일어난 일들의 의미를 이해하게 도와준다' '미래에 어떻게 행동해야 하는지 알려준다' '나 자신에 관해 더 알 수 있는 통찰력을 준다' 등의 항목들을 놓고 열두 가지 감정 각각이 1에서 7점 사이 어디에 해당하는지 표시하게 했지요. 감정들이 실제로 이 기능을 얼마나 하는지가 아니라, 그렇다고 생각하는 사람들의 믿음을 알아보기 위한 연구였습니다. 놀랍게도 앞서 설명한 다섯 가지 기능을 수행하는 데 '후회'가 가장 높은 점수를 받았습니다. 사람들은 부정적 감정 중에서 가장 쓸모가 많은 감정이 후회라고 생각한다는 것이죠. 과거 일의 의미를 이해하고, 나서거나 피할 준비를 하고, 자신의 특성과 행동의 영향에 관해 통찰하며 좀더 원활한 인간관계를 위해 노력하는 데 가장 많은 영향을 끼치는 감정은 '후회'라는 응답이 다수를 차지했습니다.

고민이 클수록 후회도 크다

후회는 이처럼 기능이 다양하지만, 지나칠 경우 부작용도 만만치 않습니다. 후회를 습관처럼 하는 경우죠. 후회의 경험은 자신에게 더 중요하고 가치 있는 선택을 하기 위한 동력으로 쓰여야 하는데 그게 지나쳐서 내내 후회만 하면서 살아가는 사람들이 있습니다. 이들에게 더 나은 대처법은 없을까요? 더 적응적으로, 최적의 수준으로 후회하는 방법은 없을까요? 심리학자들은 이미 선택한 것 또는 돌이킬 수 없는 결과에 대처하는 방식이 이후에 느낄 후회의 수준에도 영향을 끼친다고 설명합니다. 어떤 결과를 냈느냐가 아니라 그 결과에 대한 태도가 다음번 후회에 영향을 끼친다는 것이죠. 습관처럼 후회하는 사람이라면 다음 설명을 잘 들어보세요. 습관을 바꿀 수 있는 중요한 실마리가 있습니다.

스워스모어칼리지의 심리학자 배리 슈워츠Barry Schwartz는 최대치의 만족을 추구하면서 자신의 결정이 늘 최고로 좋아야 한다는 믿음을 가진 사람을 극대화자maximizer, 이와 반대로 최소한의 필요조건을 추구하기 때문에 선택 결과에 대체로 흡족해하는 사람을 만족자satisficer라고 이름 붙였습니다.

여러 연구에서 일관되게 발견되는 사실은 이렇습니다. 극대화자들이 만족자에 비해 선택에 더 많은 시간과 노력을 할애합니다.[13] 대안들을 놓고 최고의 선택을 하려니 상대적으로 더 많은 에너지와 시간, 돈을 쓰는 경향이 있죠.[14] 그런데 극대화자는 이러한 노력을 비용으로 인식하기 때문에, 부정적인 결과에 직면했을 때 만족자에 비해 더 심한 후회를 경험할 수 있습니다.[15]

최고의 결정을 하는 것은 중요하지만 모든 영역에서 가능한 일은 아닙니다. 어떤 경우에는 내 뜻대로 결정하는 것이 거의 불가능하지요.[16] 언제나 최고의 선택을 하려는 지나친 시도는 비현실적으로 높은 기대치를 낳습니다.[17] 극대화자는 이런 높은 기대치 때문에 자신이 직접 선택한 결과에 대해서도 계속 의심을 합니다. 뭔가를 결정하기 전의 의심은 후회와 관련이 없지만 결정하고 나서의 의심은 후회의 강도를 증가시킵니다.[18] 그래서 극대화자는 만족자보다 '그렇게 했더라면' 또는 '그렇게 하지 않았더라면'과 같이 실제와 반대되는 사후가정사고를 더 많이 하는 경향이 있습니다.[19]

이렇게 극대화자는 과거의 선택을 강한 후회와 연관 짓고 잘못된 결정으로 치부하기 때문에 미래의 일에 대해서도 정확하게 예측하지 못하는 경향이 있습니다.[20] 또 현재에 몰두하기 어려워서 눈앞의 중요한 과제에 시간 자원을 충분히 할당하는 능력도 떨어질 수 있습니다.

여러분이 후회를 자주 경험한다면, 잘 선택하기 위해 너무 많은 시간을 들이고 있거나 실제보다 대안이 많다고 착각하기 때문일 수 있습니다. 일반적으로 선택지가 많을수록 최적이 아닌 선택을 할 가능성이 커진다[21]는 사실을 기억해두세요.

덜 후회하는 법

질렌베르그는 선택과 결정에 너무 많은 시간과 에너지를 쏟으면서도 정작 만족감은 적고 늘 후회하는 사람들을 위해 어떤 제안을 했을까요? 가장 좋은 방법으로는 첫째, 일단 선택했다면 그 결과에 대한 기대를 낮추는 것입니다. 둘째, 선택을 잘하려면 충분히 생각해야 하겠지만, 지나친 계산과 과도한 노력은 삼가는 것이 좋습니다. 셋째, '그때 그러지 않았다면 지금은 상황이 달라졌을 텐데……'라는 사후가정사고 또는 반사실적 생각도 하지 않는 편이 좋습니다. 예상치 못한 일이 벌어진다 해도, 선택에 따른 결과를 있는 그대로 받아들이고 그에 맞춰 변화에 대비하는 것이 더 낫지요.[22] 때로는 잘못 설정된 목표에 집착하기보다는 목표를 조정하거나 바꿀 필요가 있을지도 모릅니다.[23]

해야 하나 말아야 하나, 인내력을 발휘해 계속해야 하나 용기를 내어 과감하게 그만둬야 하나. 어떻게 해야 나중에 후회하지 않을지 우리는 이따금 망설이고 고민합니다. 생각 속에서 맴돌다가 답답해지면 누군가를 찾아가서 물어보는 사람들도 있습니다. 하지만 내 미래에 대한 예측을 나보다 타인이 더 잘할 수 있을까요? 여기서 하나 짚고 넘어갈 것은 우리 삶을 결정짓는 것은 어떤 일이 일어나느냐가 아니라 일어나는 일에 대한 내 반응이라는 점입니다. 그렇다면 미래의 내 반응을 과연 어떻게 예측할 수 있을까요? 미래를 내다보는 것은 자기이해와 얼마나 관련이 있을까요? 1장의 남은 부분에서는 우선 이 모든 질문에 실마리가 되어줄 '미래를 생각하는' 네 가지 방식을 살펴보겠습니다.

우리가 미래를 생각하는 방식

미래에 대한 생각과 기억에 관해 집중적으로 연구해온 토론토메트로폴리탄대학교의 심리학자 칼 스즈푸나르Karl Szpunar의 기억 연구실에서는 인간이 미래를 생각하는 방식으로 네 가지가 있다고 설명합니다.[24] 미래에 있을 상황이나 어떤 장면을 실제 일어난 것처럼 마음속에서 상세하게 그려보는 시뮬레이션simulation, 어떤 특정한 일이 일어날 가능성을 판단하는 예측prediction, 목표를 설정하려는 심리적 행위인 의도intention, 끝으로 어떤 목표에 도달하기 위한 일련의 행위들을 미리 결정하고 준비하는 계획planning입니다. 이네 가지 미래를 생각하는 방식은 무엇이며 어떻게 일어날까요?

모드 1: 시뮬레이션

어떤 일에 대해 상상하거나 타인의 마음이나 상황을 짐작하고, 누군가를 만났을 때 어떤 기분이 들지, 무엇을 경험하게 될지 떠올리는 것은 모두 시뮬레이션입니다. 미래뿐만 아니라 지나간 일을 설명하면서 그때의 상황을 마음속에 불러일으키는 것도 시뮬레이션에 해당합니다. 이직할까 말까 고민하는 상황에서 어떤 회사로부터 입사 제의를 받았다면 그 회사의 조건이나 상황에 대해 알아보겠죠? 이런저런 정보들을 취합하면서 내가 만약 거기에 다닌다면 어떨지 상상할 것입니다. 그런데 정작 지금 회사에서 나를 힘들게 하는 문제들이 그 회사에는 더 심각한 수준으로 쌓여 있어서 여건이 더 나쁠 거라 예상된다면, 굳이 리스크를 감수하고 이직하기로 결심하지는 않겠지요. 과거 경험과 현재 경험을 토대로 시뮬레이션을 해서 더 나은 모습이 예상되거나 더 좋은 상황이 펼쳐질 것이라는 기대가 있을 때 이직을 결정할 것입니다.

지난주에 소개받은 사람을 더 만나볼까 말까 고민할 때도 시뮬레이션을 합니다. 대화가 잘 통하지 않아 뭔가 어색하고 불편했던 장면을 떠올리며 앞으로 더 만났을 때 어떤 일이 일어날지, 그때 내 기분은 어떨지 이런저런 시뮬레이션을 거쳐 생각을 정리하고는 더 만날지 말지 결론을 내립니다.

이처럼 실제든 가상이든 어떤 일을 마음에 떠올려 마치 영화처럼 보려면 뇌의 여러 영역이 도와주어야 합니다. 시뮬레이션에는 특히 해마hippocampus의 역할이 중요합니다. '따뜻한 햇볕을 받으며 숲속을 걷는 상상을 해보세요'라는 지시문이 주어졌다고 해보죠. 이처럼 가상의 특정 경험에 대해 생각하려면 마음속에서 관련 이미지들을 구성하는 작업이 필요합니다. 과거에 내가 숲을 걸었던 직접경험이든 사진이나 영화, 그림 등을 통해 본 간접경험이든 기억을 불러내는 과정을 거치게 되죠. 과거의 특정 일화를 기억하는 핵심 역할을 하는 영역이 해마인데,[25] 특히 나 자신과 관련된 사건을 시뮬레이션하고 기억하는 데 직접 관여합니다.[26] 해마는 세부 사항들과 연결된 공간적 맥락이나 배경을 제공함으로써 새로운 경험을 창출하는 데 크게 기여하는 것으로 보입니다.[27] 가상 상황을 시뮬레이션하려면 과거 사건을 다시 경험하거나 재구성해야 하고 해마가 이러한 능력을 매개하기 때문에, 해마에 문제가 생기면 새로운 기억을 형성하기도 어렵지만 미래의 일을 떠올리기도 힘듭니다.[28]

이처럼 우리가 과거 사건을 기억할 때와 미래의 일을 시뮬레이선할 때 뇌에서 활성화되는 영역이 거의 겹친다[29]는 사실은 흥미롭습니다. 신경영상 연구들을 보면, 과거를 기억하거나 미래를 상상할 때 전두피질frontal cortex의 내측 및 외측 영역, 두정피질parietal cortex, 해마와 측두피질temporal cortex이 거의 비슷한 수준으로 활성화됩니다.[30] 그렇다면 기억과 상상은 결국 똑같은 프로세스를 다르게 해석하는 것에 지나지 않을까요? 그렇게 단정 짓기는 어렵습니다. 일화기억episodic memory은 미래 시뮬레이션과 핵심 신경망을 공유해서 과거나 미래로 마음 여행이 가능하도록 하므로 기억과 상상 사이에는 공통점이 많습니다.[31] 하지만 파킨슨병이나 치매 환자들을 대상으로 한 연구들에서 과거 일을 온전히 기억하더라도 미래 일을 상상하기가 어려울 수 있다는 증거들이 축적되면서[32] 최근에는 기억과 시뮬레이션의 미세한 차이에 주목하는 연구가 늘어나는 추세입니다. 다만 이 차이가 정도의 차이인지 근본적 차이인지는 후속 연구로 밝혀져야 합니다.

모드 2: 예측

예측은 뇌가 하는 가장 근본적인 작업이라고 할 수 있습니다.[33] '저 모퉁이를 돌면 무엇이 나타날까?' 짐작하거나, 멀리서 달려오는 차 소리를 듣고 몸을 피하는 것처럼 감각기관을 통해 우리가 무언가를 지각하고 환경에 맞게 몸의 상태를 조율하면서 살아갈 수 있는 것은 모두 뇌의 예측 기능 덕분입니다. 뇌의 핵심 임무는 생각도 공감도 아니고 예측입니다. 생존하기 위해 에너지가 언제 얼마나 필요할지 예측하고, 생존에 가치가 있는 움직임을 효율적으로 해내도록 신체를 제어하고 에너지를 할당하는 것이 뇌의 핵심 역할이지요. 모든 동물의 뇌는 예측을 기반으로 움직입니다. 단세포 생물조차도 말이죠.[34]

대다수 동물은 주로 몇 초 뒤, 몇 분 뒤처럼 실생활 속에서 아주 짧은 시간에 대한 예측을 합니다. 인간만 독특하게 '내가 결혼을 하게 될까?' '올해 취업할 수 있을까?' '10년 뒤에도 이 집에서 살고 있을까?'처럼 비교적 먼 미래에 어떤 일이 일어날 가능성을 따져보는 장기예측을 하죠.

모든 동물은 이미 경험한 일에 대해 좋거나 싫다는 쾌/불쾌의 반응을 예측할 수 있습니다. 정상적인 조건에서라면 이전에 불쾌감을 주었던 자극을 피하고 쾌감을 주었던 자극에 다가가는 것이 본능입니다. 그러나 인간은 여기서 한발 더 나아갑니다. 과거에 직접 경험한 적이 없는 사건에 대해서도 마음속으로 시뮬레이션함으로써 쾌/불쾌의 반응을 예측할 수 있습니다. 하지만 미래에 대한 예측은 종종 틀립니다. 과학자들은 뇌가 미래의 일을 시뮬레이션하는 방법, 이러한 시뮬레이션을 통해 쾌/불쾌 반응을 예측하는 방법, 그리고 이러한 예측이 자주 빗나가는 이유를 이제 막 이해하기 시작했습니다.

우리는 미래를 시뮬레이션함으로써 어떤 일에 대해 예측하는

데, 왜 자주 예측 오류가 일어날까요? 이는 시뮬레이션의 특징과 관련이 있습니다. 학자들은 예측 오류가 일어날 수밖에 없는 시뮬레이션의 일반적 한계를 세 가지로 요약해 설명합니다.[35]

우선, 시뮬레이션은 우리가 쉽게 접근할 수 있는 기억을 토대로 이루어지는데, 그 기억은 유사한 경험들을 대표할 만한 보편성이 있는 기억이 아닌 경우가 많습니다. 예를 들어 과거에 어떤 사람과 같이 일할 때 매우 부정적인 경험을 했다면 미래에 그 사람을 다시 만나는 상황을 꺼리거나 피할 가능성이 큽니다. 하지만 그때 그 사람에게 아주 힘든 일이 있었을 수 있고, 당시 조건이나 상황이 열악했을 수도 있습니다. 장소에 대한 기억도 마찬가지입니다. 어떤 지역을 처음 여행했는데 마음 맞는 친구와 좋은 계절에 가서 즐거운 경험만 했다면 그 지역을 매우 좋게 기억하겠지만, 같은 곳으로 출장을 갔는데 지갑을 잃어버리고 일도 제대로 마무리하지 못한 채 고생만 했다면 그곳은 웬만하면 다시 가지 말아야 할 곳으로 기억될 것입니다. 개인적 감정이 들어갈 경우, 파편적인 경험을 보편적 기준으로 착각하기 십상입니다.

둘째, 시뮬레이션은 종종 핵심 사항에만 초점을 맞추고 덜 중요해 보이는 세부 사항들은 생략하는 경향이 있습니다. 그런데 나중에 현실과 맞닥뜨리면 정작 그 사소한 사항들 때문에 전혀 예상하지 못한 경험을 하기도 합니다. 별것 아니라고 생각했던 것이 위협이 되기도 하고, 좋을 거라고 기대했던 것이 허점투성이로 드러나기도 하지요.

셋째, 시뮬레이션은 본질상 압축적입니다. 길고 자세하게 보여주는 것이 아니라 줄여서 보여주지요. 특히 미래 경험의 초기 양상들에만 초점을 맞추기 때문에 시간이 지나면서 변하는 상황은 고려하지 못하는 경향이 있습니다. 승진 소식을 접하고 기뻐하는 감정은 예측하면서도, 시간이 지날수록 업무에 과부하가 걸리고 스트레스가 많아지는 상황까지 떠올리기란 쉽지 않죠. 더 넓은 집으로 이사하면 얼마나 좋을까 상상하면서도 청소하고 관리하는 데 들어가는 수고는 나중에 생각하기로 합니다.

우리의 예측은 대부분 시뮬레이션에 의존하는데, 시뮬레이션에 이와 같은 한계가 있으니 예측 오류가 일어나는 것은 어쩌면 당연합니다. 이에 관해서는 3장에서 상세히 알아보기로 하고, 지금은 우선 미래를 생각하는 또 다른 방식인 '의도'를 살펴보겠습니다.

모드 3: 의도

의도란 어떤 미래의 일이나 상황과 관련해서 목표를 세우는 심리적 행위를 말합니다. 의도가 있어야 계획과 실행으로 이어질 수 있지요. 어떤 경우에는 의도가 그리 강하지는 않았는데 간단히 실행하고, 어떤 경우에는 의도가 아무리 강하더라도 결국 실행하지 못해서 흐지부지되기도 합니다. 무슨 차이일까요?

의도와 실행의 간극을 설명하기 위해 뉴욕대학교의 심리학자 피터 골비처Peter Gollwitzer는 의도를 목표의도goal intention와 실행의도implementation intention, 두 가지로 구별합니다.[36] 목표의도란 '나는 Z를 이룰 것이다!'처럼 원하는 결과 상태, 곧 목표를 의도하는 것입니다. 반면 실행의도에는 '상황 X가 발생하면 나는 Y를 하겠다!'와 같이 특정 상황에 따라 실행할 내용이 포함됩니다.

실행의도는 언제 어디서 무엇을 어떻게 할 것인지를 하나의 짝으로 엮어두는 것입니다. '날마다 퇴근해서 집에 도착하자마자 가방만 내려놓고, 현관에서 운동화로 갈아 신고 나와서 1시간 동안 공원을 걸어야지'와 같이 여러 조건과 행위를 굴비 엮듯 하나의 시퀀스로 연결해두기 때문에, 한 가지 행동을 시작하면 다음 행동으로 옮기기가 쉽습니다.

의도는 미래기억prospective memory과 직접적인 관련이 있습니다. 미래기억이란 미래에 하려고 하는 행위들에 대한 기억을 말합니다. 이전에 형성된 의도를 제때 실행하는 역량이라고 정의하기도 합니다.[37] 인간이 목표 지향적 행동을 할 수 있는 것은 미래기억 덕분입니다. 미래기억이 멈춘다면 길을 가다 갑자기 멈춰 서서 이렇게 중얼거릴지도 모릅니다.

"내가 어딜 가려고 했더라?"

조건과 행위들을 굴비처럼 엮는 실행의도는 미래기억의 역량을 증가시키는 효과가 있습니다.[38] 예를 들어 제때 약을 먹거나 양치 후 치실을 쓰는 것처럼 빠뜨리기 쉬운 건강 행동을 잊지 않는 데 도움이 됩니다. 또 운동이나 공부, 식단 조절처럼 내키지 않아도 해야 하는 활동의 실행력을 높이는 데에도 효과적입니다. 어떻게 가능한지는 3장에서 더 알아보겠습니다.

모드 4: 계획

의도한 행동들을 제때 해내려면 계획이 필요합니다. 계획이란 'A를 하고 나서 B, 그다음에 C를 하자' 식으로 어떤 목표를 달성하기 위한 일련의 행동을 사전에 결정하는 것입니다.[39]

'계획'에 관한 심리학 연구들은 대개 전두엽 기능에 초점을 맞춥니다. 전두엽에 손상을 입은 사람은 계획을 세우는 일에 어려움을 겪습니다. 신경영상 연구 결과들을 보면, 계획할 때 필요한 뇌의 신경망이 시뮬레이션할 때의 신경망과 연결되어 있다는 사실을 알 수 있습니다.[40] 시뮬레이션할 때 활성화되는 영역은 익히 알려진 DMNdefault mode network, 디폴트모드네트워크입니다.

디폴트모드네크워크라는 개념은 2001년 신경과학자 마커스 레이클Marcus Raichle이 처음 제안했습니다.[41] 세인트루이스워싱턴대학교 의과대학 방사선학연구소의 신경영상연구센터를 이끌고 있는 레이클은 우리 뇌에 과제가 없을 때는 활발히 활동하다가, 오히려 과제를 할 때 활동이 줄어드는 영역이 있다는 사실을 발견했습니다. IT용어로 '디폴트'는 사용자가 별도의 명령을 내리지 않았을 때 자동으로 입력되는 기본값이나 조건을 말하는데, 뇌에서도 특별한 과제를 수행하지 않을 때 뇌가 아예 쉬는 게 아니라 기본값처럼 '대기 모드'로 기능하는 영역이 있다는 사실을 설명하기 위해 '디폴트모드네트워크'라는 이름이 붙었습니다. 여기에는 내측 전전두피질medial prefrontal cortex, MPFC, 후대상피질posterior cingulate cortex, PCC, 외측과 내측 측두엽lateral and medial temporal lobes, 하두정소엽inferior parietal lobule, IPL이 포함됩니다.

하지만 DMN이 휴식과 대기 모드만을 의미하지는 않습니다. 이른바 '멍 때리기'나 이런저런 산만한 생각이 떠다닐 때, 자신에 관해 생각할 때, 과거를 회상하거나 미래를 상상할 때처럼 내면에 초점을 맞춘 인지 작업을 할 때도 활발히 움직이죠.[42] (하지만 DMN의 활성화는 의도적이라기보다는 저절로 일어나는 생각들과 관련이 있으므로 목표 지향적인 인지 작업과는 관련이 없다는 견해가 일반적입니다.[43])

과거의 일을 기억하고 미래를 예상하거나 타인의 마음을 추론하는 것은 모두 DMN의 활성화와 관련이 있습니다. 설탕이 나오기를 기대하며 레버를 누르는 실험실 쥐처럼 당장 보상이 주어지는 활동만 하는 게 아니라, 미래를 생각하고 준비하거나 타인의 마음을 헤아리며 사회적 협력이 가능하도록 하는 뇌 영역이 DMN입니다.[44] 이러한 DMN의 신경 활동은 전두두정frontoparietal의 제어 네트워크와 매우 긴밀하게 이어져 있으며,[45] 이 연결이 우리가 미

래 상황을 상상하면서 그에 맞추어 계획을 세우고 실행할 수 있는 신경적 토대가 됩니다.[46]

과거 기억과 미래 시뮬레이션

이처럼 시뮬레이션, 예측, 의도, 계획의 네 가지 모드는 서로 연결되어 있고 동시다발적으로 일어나기도 합니다. 그리고 이들을 한데 묶는 핵심 주제이자 연결고리가 바로 '기억'입니다. 미래의 일에 대해 시뮬레이션하고 예측하는 것이 과거 경험을 기억해내는 것과 똑같은 신경 프로세스에서 일어난다는 사실을 기억해둘 필요가 있습니다. 우리가 경험한 일들을 기억해내지 못하거나 그 의미를 떠올리지 못하면, 미래 시뮬레이션과 예측이 원활하게 작동하지 않습니다.[47] 타인의 마음을 추론하거나 의도와 계획을 갖고 문제를 해결하는 것도 어려워집니다.[48]

어떤 이유로든 과거 일에 대한 세부 사실이나 의미가 잘 생각나지 않는다면, 미래에 대한 생각이 더 흐릿하고 모호하게 느껴질 수 있습니다. 과거에 대한 기억과 이해가 중요한 이유입니다. 그런데 중요한 점은 정확한 기억보다는 '명확한 이해'가 더 필요하다는 것입니다. 과거에 일어난 일 자체를 바꿀 수는 없지만, 그 의미에 대한 해석은 얼마든지 바꿀 수 있기 때문이지요. 이때 특히 어떠한 미래를 지향하는지가 지금의 해석에 결정적 영향을 끼칩니다. 미래의 목표를 향해 잘 나아가고 있다면, 지금의 힘든 일이 가볍게 느껴지고 과거의 어려움도 교훈이 됩니다. 하지만 미래에 희망이 없다고 생각하면 자신이 잘못 살아온 것처럼 느껴지기도 하지요. 미래가 어두우면 과거도 현재도 다 어둡게 보이니까요. 미래에 대한 생각은 이렇게 우리의 현재를 만들어갑니다. '미래의 나'와 '과거의 나'를 얼마나 잘 연결하느냐에 따라 현재 나의 심리 상태가 달라집니다.

'예측 기계'인 인간의 뇌는 시시각각 다가올 미래를 예측하며 입력되는 정보에 대한 지각과 판단을 확대하거나 축소하여 보정하는데, 그때 준거가 되는 것은 과거 경험입니다.[49] 따라서 특별히 의식하지 않는다면 이미 본 것을 또 보게 될 공산이 크지요. 특히 강렬한 감정이나 생각에 치우쳐 어떤 것을 맹렬히 추구하거나 피하려고 시야가 좁아질 때는 정확히 보기가 더욱 어려워집니다. 우리가 새로운 것을 지각하고 파악할 수 있는 것은 경험과 기억 덕분이지만, 아이러니하게도 경험과 기억이 고르지 않기 때문에 새로운 정보를 왜곡해서 받아들이기도 합니다. 우울장애를 앓는 사람들은 과거의 부정적 사건을 반복적으로 생각하는 경향이 있는데, 이는 미래에도 자신에게 그와 같이 안 좋은 일들이 일어날 거라는 부정적 기대와 연결되어 있기 때문입니다.[50]

그래서 본래 우울장애를 치료하기 위해 개발된 인지행동치료

cognitive behavioral therapy, CBT는 파국화catastrophizing(예: 아, 나 또 긴장하네. 이번 발표는 망했다)나 과잉일반화overgeneralization(예: A도 나를 거절하고 B도 나를 거절했지. 남자/여자들은 모두 나를 싫어해) 등 사람마다 가진 고유의 자동사고 패턴을 파악해 재구조화하는 방법으로 치료를 시도합니다.[51] 과거 경험으로 얼룩진 눈이 아니라 맑은 눈으로 사실을 보도록 도와주는 것이죠.

현재를 움직이는 미래

과거가 없으면 자아가 없지만, 미래가 없다면 정체성도 없습니다. 어떤 사람이 되고 싶은지 염두에 두면 지금 어떻게 행동할지 결정할 수 있죠. 미래는 현재에 초점과 방향을 제시합니다. 지금 중요한 것, 필요한 것이 무엇인지 알려주면서 선택의 폭을 좁히도록 도와줍니다. 다시 말해 미래는 삶의 길잡이 역할을 합니다. 의미와 목적을 일깨워주죠.

 "오직 현재만 경험할 수 있으니 현재를 충실히 살라"는 철학자들의 메시지를 문자 그대로 받아들여서는 곤란합니다. 우리가 매 순간 경험하는 것은 과거와 미래의 산물입니다. 비슷한 환경에 놓여 있는 사람들이라 해도 저마다의 기억과 기대, 욕망과 신념, 추구하는 가치와 목표에 따라 각기 다른 것을 경험하지요. 현재란 미래에 대한 실시간 대응이자 과거 경험의 끊임없는 재해석입니다. 우리가 의식하든 의식하지 않든 미래에 대한 생각은 현재를 이끌고 만들어갑니다. 지금의 생각과 행동, 판단과 선택, 감정을 비롯해 무의식 수준에까지 많은 영향을 끼치지요.

그런데 우리는 정작 이러한 영향에 대해 진지하게 검토하지 않습니다. 일상에 깊게 파고들어 있는 미래에 대한 생각의 크나큰 영향을 간과합니다. 현재에 이미 미래가 들어와 있는데 애써 모른 척합니다. 미래를 생각하면 뭔가 더 노력해야 할 것 같고 부담스러워서 피하기도 합니다. 하지만 미래는 이미 현재를 시시각각 움직이고 있죠. 미래에 대한 생각을 잘 쓸 것인가 내버려둘 것인가, 선택은 우리에게 달렸습니다. 이 책은 바로 여기서 출발합니다.

- 미래의 나와 잘 연결되는 방법은 없을까요? (2장)
- 바라는 바를 현실로 만들려면 어떻게 해야 할까요? (3장)
- 생각과 노력은 왜 힘이 들까요? (4장)
- 노력을 덜 들이고 자동으로 이루어지게 하는 방법은 없을까요? (5장)
- 더 나은 결정, 더 나은 선택을 하려면 어떻게 해야 할까요? (6장)
- 나에 대한 믿음은 어떻게 만들 수 있을까요? (7장)
- 실패나 실수를 더 잘 활용하는 법은 없을까요? (8장)
- 원하는 대로 실행하고 덜 후회하려면 지금 무엇을 해야 할까요? (9장)

이러한 질문들을 안고 여정을 떠납니다. 미래에 대한 생각을 잘 활용해서 더 나은 결정과 실행을 할 수 있는 근거와 실마리들을 하나하나 살펴보겠습니다. 먼저 '미래의 나'를 만나봅니다. 미래의 나와 더 잘 연결되는 방법으로는 어떤 것이 있을까요?

FUTURE
SELF

2장
더 잘 연결되는 법
미래자기

미래의 나를 생생하고 가깝게 느낄 수 있다면,
자신의 한정된 자원을 장기 목표에 맞게
적절히 할당하는 데 능숙해집니다.

지금 핸드폰을 새 모델로 바꿀까, 아니면 이 돈을 내년에 쓸 여행 경비로 모아둘까? 오늘만 다이어트 식단을 제쳐놓고 친구들이랑 디저트 카페에 갈까, 꾹 참고 집으로 갈까? 금요일까지 과제 제출 마감인데 오늘 미리 해둘까, 아니면 일단 놀러 가고 마감 전날 한꺼번에 할까? 날도 추운데 운동을 건너뛸까, 귀찮아도 정한 규칙대로 나갈까? 연말까지는 회사에 다녀야 하는데 저 팀장을 한 번 더 참아줄까, 아니면 속이라도 후련하게 받아칠까?

우리는 다양한 선택 앞에서 이따금 갈등을 경험합니다. 이러면 어떨까 저러면 어떨까, 우리 내면에서 다양한 목소리가 들려오죠. 대부분의 선택에는 '시간'에 따라 달라지는 가치가 포함됩니다. 선택이란 종종 현재와 미래 중 어디에 더 초점을 맞출 것인가의 문제이지요. 예를 들어 100만 원을 핸드폰 사는 데 쓰면 지금의 내가 좋아하고, 내년 여행경비로 저축해두면 내년의 내가 좋아할 것입니다. 달콤한 케이크를 먹으면 당장의 내가, 다이어트 식단표에 따라 샐러드를 먹는다면 이후의 내가 기뻐하겠죠. 물론 항상 '이후' '나중' '미래'를 염두에 두고 선택하는 것만이 정답은 아닙니다. 상황에 따라 현재와 미래 사이에서 적절한 균형점을 찾아야겠지요. 하지만 분명한 사실은, 우리가 중장기적 목표를 세우고 계획대로 실행해나갈 때는 반드시 미래의 나를 염두에 둬야 한다는 것입니다. 짧게는 며칠 뒤, 일주일이나 한 달 뒤 또는 1년 뒤에 후회할 말이나 행동, 의사결정은 덜 해야겠죠. 그러려면 무엇이 필요할까요? 그동안 심리학이 찾아낸 것들을 한번 둘러보면서 '미래의 나'에 대한 생각이 어떻게 우리의 의사결정에 영향을 끼치는지 살펴보겠습니다.

미래의 나, 현재의 나

모든 결정에는 결과가 뒤따릅니다. 그 결과는 눈앞에 닥치기 전까지는 미지의 영역이죠. 어떤 결과가 나올지 대략 예상되는 경우도 있지만, 결과를 짐작조차 하기 어려울 때도 있습니다. 또 현재의 내 행동이 미래의 나에게 이득을 가져다줄 수도 있지만 고통을 줄 수도 있습니다. 그렇다면 우리는 얼마나 미래의 나를 의식하면서 행동할까요? 실제로 의식하기는 하는 걸까요? 지금 존재하지 않는 미래의 나에 대해 과연 얼마나 구체적으로 생각할 수 있을까요? 현실의 어려움과 복잡함 속에서 과연 미래의 나까지 떠올려가며 현명한 선택을 내릴 수 있을까요?

심리학은 우리가 '미래의 나'를 좀 더 구체적으로 의식할 때 여러 가지 이점이 있다고 설명합니다. 미래의 나를 의식한다는 것은 거창한 얘기가 아닙니다. 내일 일찍 일어나기 위해 시계 알람을 맞춰두거나 아침에 먹을 요거트를 사서 냉장고에 넣어두는 것은 미래의 나를 위해서죠. '이걸 먹으면 곧 후회하겠지?'라든가 '운동을 건너뛰면 기분이 좋지 않겠지?' 또는 '이 말을 해버리면 관계가 어색해지겠지?' 등 조금 뒤에 겪을 일이나 상황을 떠올리면서 말과 행동을 가리고 조절하는 것도 마찬가지입니다. 내년, 3년 뒤, 10년 뒤의 내 모습을 떠올리면서 돈을 모으거나 운동을 하거나 시험공부를 하는 것도 미래의 나를 의식하고 '돕는' 행동이죠.

'현재의 나'는 힘이 세다

어떤 학자들은 선택이란 내 안에 있는 여러 개의 자아 또는 여러 측면이나 부분 간의 경쟁과 협상의 과정이라고 설명합니다.[1] 지금도 우리 내면에서는 '현재와 나'와 '미래의 나' 사이에 끊임없이 협상이 벌어지고 있는데, 이 관점에서 보면 자기조절의 실패는 곧 '미래의 나'의 실패입니다. 당장의 이익이나 즐거움에 눈이 흐려진 '현재의 나'를 미래의 내가 설득하지 못한 것이죠.[2] 일반적으로 인간은 미래의 보상보다 지금 당장 보상받는 것을 선호합니다.[3] 물리적 보상이든 심리적 보상이든 나중이 아니라 지금 좋은 것을 선택하려는 경향이 있죠. 선택에 따른 보상이 주어지는 시점이 멀수록 그 선택의 가치가 매력적이지 않다고 생각하는 것을 시점할인 효과temporal discounting effect라고 하는데,[4] 개인이나 맥락에 따라 차이가 있지만 아주 보편적으로 발견되는 현상입니다. 또 인간은 미래의 불확실성을 최소화하려고 애씁니다. 인지능력의 한계를 보완하기 위해 웬만하면 과제를 오래 끌지 않고 종결하고 싶어하죠. 이를 인지적 종결 욕구need for cognitive closure라고 합니다.[5] "난 애매한 거 딱 싫거든. 너 나랑 사귈 거야 말 거야? 지금 확실히 말해 줘!" 이러는 분들 있죠? 먼 미래에 더 좋은 것이 기다리고 있다고 해도 그것이 애매하고 불확실하다면 덜 좋더라도 지금 확실한 것을 선호하는 인지적 종결 욕구가 큰 분들입니다.

이런 이유로 현재의 나는 미래의 나보다 대체로 힘이 셉니다. 협상 국면에서도 목소리가 훨씬 크고 설득력이 높습니다. 그러다 보니 아무리 원대하고 멋진 목표를 세워도 번번이 무너지기 쉽습니다. "시험 합격!(공부 좀 하자)" "체중 감량 성공!(운동하러 가자)" "건강하고 예쁜 나!(식단 조절하자)" "여유로운 노후!(돈 모으자)" 등으로 설득해보려 해도 미래의 나는 너무 멀리 있고 목소리도 작아서 툭하면 밀려납니다. 해마다 목표와 계획을 수두룩하게 세우지만 작심삼일이어서 다이어리는 1월만 쓰고, 책은 앞부분만 읽고, 운동은 한 달을 지속하기 어렵습니다. 현재의 내가 지닌 힘은 막강하죠. 너무나 인간적인 풍경입니다. 하지만 우리 주위에는 계획대로 꾸준히 실행해서 원하는 목표 지점에 척척 도달하는 사람들도 있습니다. 무슨 차이일까요? 의지력의 차이일까요, 자제력의 차이일까요? 답이 이 중 하나였다면 아마도 이 책은 쓰이지 않았을 것입니다.

'미래의 나'는 남이다?

심리학자들은 미래의 나를 염두에 두고 장기적 목표에 부합하는 좋은 선택을 하기 어려운 이유를 "우리가 미래의 나를 내가 아닌 타인처럼 인식하기 때문"[6]이라고 설명합니다. 놀랍지 않나요? 그러니까 내가 지금 담배를 피워서 미래의 내가 건강이 안 좋아진다 해도 그것까지 신경 쓰지 않는다는 것이죠. 타인이니까요. "미래의 나에게 맡긴다"라는 유행어가 절묘한 표현인 셈입니다.

연구에 따르면 과거의 자신을 회상하거나 미래의 자신을 상상할 때 우리는 현재의 내가 아닌 관찰자 시선으로 바라본다고 합니다.[7] 미래의 나를 떠올릴 때 우리 뇌가 타인을 보는 것처럼 반응한다는 것이죠. 예를 들어 미래의 나를 위한 저축을 타인에게 기부하는 것처럼 인식하는 경향이 있고, 그런 경향이 큰 사람일수록 저축의 가치도 더 낮게 평가합니다.[8]

이렇게 타인처럼 멀게 느껴지는 미래의 자신도 몇 가지 조건에 따라 더 가깝게 느껴질 수 있습니다. 바로 미래자기연속성future self-continuity의 영향을 받기 때문인데, 자기연속성은 미래의 나 또는 과거의 내가 현재의 나와 얼마나 연결된다고 느끼는지 지각하는 정도를 뜻합니다. 아주 친밀하게 연결되어 있다면 자기연속성이 높은 것이고, 먼 타인처럼 느껴진다면 자기연속성이 낮은 것입니다.

미래자기연속성의 문제: 왜 늘 미뤄 버릇하는가?

학교 과제를 꼭 마감 시한 직전에 제출하고, 회사에서 발표 전날에야 밤새워 프레젠테이션을 준비하는 사람이 있죠? 이들은 할 일을 미루는 동안 자유롭게 놀기는커녕 대개 무거운 마음으로 생각만 하다가 행동을 늦게 개시하는 유형입니다. 연구에 따르면 사람들은 완벽주의, 부정적 감정, 걱정, 불안, 자기조절의 어려움, 동기 부족, 평가 공포, 실패 공포, 생활 부적응, 스트레스, 성격 특성, 건강 상태 등 매우 다양한 이유로 해야 할 일을 미룹니다.[9] 그런데 미루는 습관도 알고 보면 미래자기와 밀접한 관련이 있습니다.

대학생의 학업에 관한 연구에서, 미래자기연속성이 큰 사람일수록 과제를 미루거나 회피하는 일이 적은 것으로 나타났습니다.[10] 지금 해야 할 일을 뒤로 미루는 것은 미래의 나에게 떠맡기는 것이지요. 내 과제나 문제를 남의 일처럼 못 본 척하거나 슬쩍 넘기는 것은, 미래의 내가 겪게 될 어려움에 대해 충분히 공감하거나 생각하지 않기 때문입니다.

사람은 누구나 자기와 관련된 단서나 정보에 민감하게 반응합니다. 이러한 자기참조self-reference(자기와 관련짓는 것)적 정보를 처리할 때 활성화되는 대표적인 뇌 영역이 복내측 전전두피질 ventral medial prefrontal cortex, vmPFC입니다. 우리가 타인의 마음을 추론하고 판단할 때, 특히 그 사람이 나와 유사하다고 여길수록 이 영역의 활동이 증가합니다. 개인차는 있지만, 미래의 자신을 떠올릴 때는 현재의 자신에 대해 생각할 때보다 이 영역의 활동이 줄어드는 것으로 나타납니다. 활동이 적다는 것은 미래의 일을 자기 일처럼 생생하게 인지하거나 공감하기 어렵다는 것을 뜻합니다.[11] 이처럼 미래의 자신에게 일어날 일을 떠올릴 때 현재 자신에게 일어난 일을 떠올릴 때보다 복내측 전전두피질에서의 신경 활성화 정도가 낮은 사람일수록 저축과 같은 미래 대비 활동에 대한 인내력이 떨어지는 것으로 나타났습니다.[12]

더욱 흥미로운 것은 미래의 자신, 곧 미래자기와의 연결성을 높이는 연습을 통해 나중에 받게 될 보상에 대한 인내력을 강화할 수 있다는 사실입니다. 연결성이 높아질수록 사람들은 당장의 소비에 탐닉하기보다는 미래를 위해 저축하기로 결정했고,[13] 눈앞의 유혹에 넘어가지 않고 미래의 자신을 위해 더 윤리적인 의사결정을 했으며,[14] 학생들은 성적이 더 좋아졌습니다.[15]

생생할수록 더 챙긴다

우리가 좋아하는 사람에게 더 많이 공감하고 친절하게 대하듯, 미래의 나 역시 가깝고 친밀하게 인식할수록 더 돌보는 경향이 있습니다. 미래자기연속성은 크게 세 가지 요소로 이루어집니다. 첫째, 유사성입니다. 미래의 자신이 현재의 나와 비슷할 것이라고 인식할수록 더 가깝게 느껴집니다. 나와 비슷한 타인에게 친밀감을 느끼듯 말이죠. 둘째, 자신의 미래를 긍정적으로 바라볼수록 자기연속성도 높아집니다. 미래에 어떤 희망이 있어야 더 생각하고 더 신경을 쓰겠지요. 셋째, 미래의 나를 선명하게 떠올릴수록 미래에 대비하는 행동을 더 많이 합니다.[16]

따라서 미래자기연속성은 돈·시간·노력·에너지 등 우리의 한정된 자원을 모두 현재의 나에게 쓸지, 아니면 미래의 나에게도 일부 할당할지 결정할 때마다 중대한 영향을 끼칩니다. 미래자기연속성이 높을수록 사람들은 미래의 자신을 위해 중요한 자원들을 아껴두는 경향을 보입니다.[17] 곧 현재가 될 또 다른 자신이 덜 고생하도록 대비하고 챙겨둡니다. 반면 미래의 나를 전혀 염두에 두지 않거나, 지금 너머에 또 다른 내가 줄줄이 대기하고 있다는 것을 의식하지 못하면 지금 즐기고 소비하는 데에 치우치겠지요. 매번 그때그때의 내가 대처하도록 내버려둘 것입니다.

삶은 긴 시간 위에 굵은 선으로 이어져 있는데, 그런 연속성과 연결성을 미처 의식하지 못하고 매번 점으로만 본다면 자기조절이 쉽지 않습니다. '하거나 하지 않거나'와 같이 자신의 욕망을 단순히 참거나 참지 않는 정도로밖에 통제할 수 없지요. 미래의 자신을 염두에 둔 자원 할당 전략이 없으니 어떤 목표를 세우든 그에 맞는 현실적 계획을 수립하고 단계별로 실행해나가기가 거의 불가능합니다.

자기조절과 자원 할당 능력

이처럼 미래의 나를 가깝고 생생하게 느낄수록 자기조절에 유리합니다. 인간의 한정된 인지역량 탓에 우리는 우리 자신을 항상 매 순간 의식하지는 못합니다. 지금의 결정이 10년 뒤의 내게 어떻게 불리하게 작용할지 알 수 없는 것은 세상이 끊임없이 변하기 때문이기도 하지만, 설령 변화 예측 데이터가 충분히 주어진다 하더라도 정보를 다 처리해낼 수 없기 때문입니다. 과거의 시행착오를 분석해서 현재의 의사결정만 잘 해내도 다행이지요. 사실 그것도 벅 찹니다. 그래서 속 편하게 타인처럼 바라보면서 미래는 미래의 그분께 대충 맡겨두는 무의식적 전략을 취하게 되는지도 모릅니다. 지금의 즐거움을 조금 포기하면서 미래의 목표를 향해 꾸준히 자신을 제어하는 것이 어려운 이유 중 하나입니다.

그런데 미래의 나(예측)를 생생하고 가깝게 느끼면서 과거의 나(경험에서 얻은 통찰)와 실시간으로 유연하게 오갈 수 있다면 무슨 일이 벌어질까요? 장기 목표에 맞게 자신의 자원을 적절하게 할당하는 데 능숙해집니다. 다시 말해 자신의 주의가 어디로 쏠려 있는지 알아차리고, 불필요한 것에 감정이나 생각을 낭비하지 않게 되지요. 이것이 자기조절 능력입니다. 미래가 의식 속에 생생하게 살아 있어야 현재도 조절되는 것입니다.

미래 감정 예측의 심리학

과거 경험을 아무리 잘 분석하더라도 미래의 자신에게는 상상을 통해서 다가갈 수밖에 없습니다. 지금의 의사결정이 3년, 5년, 10년 뒤의 나를 완전히 뒤바꿀지도 모르는 경우라면 특히 미래에 대한 지각이 중요합니다. 그런데 이 과정에서 개인차가 크게 벌어집니다. 미래의 어떤 시점에 자신이 무엇을 원할지, 어떤 감정을 느낄지 그려지지 않는 사람은 눈앞의 필요나 욕구를 우선시해 성급한 결론을 내리기 쉽습니다.

그렇다면 왜 많은 사람이 지금의 선택이 미래의 자기 감정에 어떤 영향을 끼칠지 잘 의식하지 못할까요? 이유는 단순합니다. 미래가 현재보다 잘 보이지 않아서예요. 머릿속으로 그려보는 미래가 지금으로부터 멀면 멀수록 우리 생각은 더 추상적이 되고 정교함도 떨어집니다.[18] 추상성이 커질수록 그때의 내가 어떤 감정을 경험할지 실감하기가 더 어렵죠. 현재 벌어지는 일과 똑같이 힘든 사건이 미래에 일어난다 해도 예상되는 고통은 잘 와닿지 않습니다. 기쁨과 즐거움도 마찬가지입니다. 먼 미래에 좋은 일이 일어나 기뻐하는 모습을 상상하면서 지금 눈앞에 벌어진 일처럼 감정을 느끼기는 쉽지 않습니다. 많은 사람이 일단 지금 혜택을 누리고 나중에 노력이나 비용을 들이는 방식을 선호하는데, 그 이유 중 하나가 미래의 내가 느낄 부담이나 감정을 잘 예측하지 못하기 때문이기도 합니다.[19]

이처럼 우리는 지금의 선택이 미래에 어떤 결과를 가져올지, 내가 어떤 기분을 느낄지 예측하면서 결정하고 실행합니다. 하지만 예측은 종종 어긋나는데, 미래에 하게 될 일이나 활동보다 미래에 느낄 '감정'은 더욱 예측하기가 쉽지 않기 때문입니다. 사람들은 대개 미래의 어떤 사건이 감정적 반응에 끼칠 영향을 과대평가하는 경향이 있지요.[20] 예를 들어 이별 뒤에 느낄 고통과 상실감은 매우 클 것이며 기간 또한 아주 길 것으로 예상합니다. 하지만 실제 반응은 대체로 그 예상보다 크지 않고 기간도 짧습니다.[21] 그토록 갖고 싶었던 명품 가방을 드디어 손에 넣었지만 생각보다 기분이 그렇게까지 좋지는 않아서 당혹감을 느끼기도 합니다.

이러한 편향이 일어나는 가장 큰 이유 중 하나는 초점주의

focalism인데,[22] 쉽게 말해 지금 내가 염두에 둔 문제나 대상, 사건이 너무 커 보여서 다른 요소들을 고려하지 못하는 것입니다. 우리는 현재 상황에서 미래 사건이 벌어진다고 가정하는데, 실제 상황은 변수가 훨씬 더 많고 생각지도 못한 일들이 다양한 영향을 끼치기 때문이죠. 지금의 생각이나 감정을 투영해서 미래를 예측하기 때문에 생기는 편향입니다.[23]

그중에서도 특히 부정적인 사건의 정서적 영향을 과대평가할 가능성이 큽니다. 하지만 막상 부정적 사건을 맞닥뜨리면 다양한 방식으로 사건을 합리화하거나 재구성하면서 받아들이기 힘들지 않도록 조정하고 수정하는 절차를 거칩니다.[24] 원하던 회사의 입사 시험에 떨어지면 처음에는 매우 실망하지만, 그 회사가 집에서 멀어서 어차피 다니기 힘들다며 위안하거나 더 좋은 기회가 올 거라고 스스로 다독이는 등 불합격의 의미를 다른 각도로 해석하면서 적응합니다. 그러는 사이 사건이 일으킨 감정의 힘은 서서히 줄어들지요. 적응 과정은 예상보다 매우 빠르게 진행됩니다. 하지만 우리는 이런 프로세스를 고려하지 않고 어떤 사건이 일으킬 미래의 감정적 반응의 강도와 기간을 과대평가하고 맙니다.[25]

그런데 어떤 사건이 불러일으킬 감정적 영향을 과장해서 인식하는 것에도 나름 유용한 면이 있습니다. 일종의 동기부여로 작용할 수 있다는 얘기죠. 긍정적인 결과를 가져올 것으로 예상하는 목표를 달성하기 위해 노력하고, 부정적인 결과를 가져올 만한 일은 피하려고 애쓸 테니까요. 하지만 예측은 종종 어긋나게 마련이고, 과도한 노력은 비용만 증가시킬 수도 있습니다. 미래에 대한 불필요한 두려움과 과장된 불안으로 오히려 잘못된 선택을 할 수도 있지요.[26]

미리보기의 힘

좀 더 합리적으로 예측하는 방식은 없을까요? 미래의 내가 놓인 상황까지 포함해서 더 구체적으로 본다면 어떤 일이 벌어질까요? 가상현실 속 VR 기술을 활용해 가상의 미래 상황을 보고 듣는다면 어떨까요? 말하자면 시뮬레이션을 아주 생생하게 해보는 겁니다. 미래의 자기 모습을 보면 더 나처럼 느껴져서 더 잘 대처하게 될까요? 한번 상상해보세요. 다이어트에 계속 실패하는 사람이 다이어트에 성공해서 만족스럽게 살아가는 미래의 자기 모습을 생생하게 볼 수 있다면 꾸준히 다이어트하는 데 도움이 될까요? 수험생이 시험에 합격해서 원하는 일이나 공부를 하는 상황, 다시 말해 바라는 모습이 현실이 된 듯 생생한 가상현실을 경험하고 나면 수험 공부에 더 매진할까요?

UCLA 앤더슨경영대학원의 심리학자 할 허시필드Hal Hershfield는 실험 참가자들의 얼굴 사진을 찍어 두 가지 아바타를 만들었습니다. 하나는 현재 얼굴과 거의 비슷한 동갑내기 아바타, 다른 하나는 몇십 년 뒤의 노인 아바타. 그러고는 실험 참가자들을 두 집단으로 나누어 한 집단에게는 현재의 아바타, 다른 집단에게는 미래의 노인이 된 아바타와 몰입형 가상현실 장치를 착용하고 대화를 나누게 했습니다. 그 결과 노인이 된 자신의 아바타와 대화를 주고받은 사람들은 지금 당장의 소비보다 미래를 위한 저축을 더 선호하는 경향을 보였고, 동갑내기 아바타와 연결되어 있던 사람들에 비해 평균 두 배 이상의 돈을 노후자금으로 할당했습니다.[27]

한편 타이완 국립중산대학교 교육연구소의 궈시찬Kuo Hsh-chan 박사 연구팀은 미래자기 이미지가 비만 개선에 도움이 되는지 연구했습니다. 체중 감량에 성공해 지금보다 훨씬 좋아 보이는 미래자기의 아바타를 본 사람들은 보상으로 아이스크림 대신 무설탕 음료를 선택하는 경향이 더 높았습니다.[28] 미래자기의 모습을 보는 것만으로도 즉각적 만족감을 추구하는 행동을 조절하고 미래자기를 위한 행동을 촉진할 수 있었다는 얘깁니다. 이를 일상에 적용해서 장기 실천이 필요한 식단조절이나 체중감량, 저축, 운동, 공부 등을 꾸준히 하기 위해 미래의 자기 이미지를 떠올리는 전략을 수립할 수 있습니다.

하지만 연구자들이 한계를 언급하듯, 미래자기 모습을 생생하게 떠올려 일시적으로 동기가 높아졌다고 해서 지속적으로 실천하는 것은 아니지요. 높은 동기를 뒷받침해줄 현실적 계획과 구체적 실행이 따라줘야 합니다. 이상적인 미래 모습만 떠올리는 것은 공상일 따름입니다. 오히려 긍정적이기만 한 환상은 사람들이 원하는 미래를 심리적으로 탐닉하게 해서 실행에 필요한 에너지를 갉아먹을 수 있습니다. 바라는 상태를 상상만 할 뿐 현실을 명확하게 인식해서 이 간극을 어떻게 메울지 생각하지 않는다면 오히려 부정적인 결과를 불러올 수 있다는 얘기죠.[29] 그렇다면 단순한 공상이나 백일몽이 아니라 미래를 구체적으로 염두에 두는 전략을 짜고 그에 따라 실행하는 힘은 어떻게 기를까요?

미래자기

10년 뒤 나의 모습은 어떨까요? 내가 바라는 순간을 상상해보세요.

- 어디서 무얼 하고 있나요?
  _____

- 10년 뒤의 내가 지금의 나를 본다면 어떤 기분이 들까요?
  _____

- 어떤 말을 해주고 싶을까요?
  _____

  _____

- 지금의 나와 10년 뒤의 나는 얼마나 연결되어 있다고 느끼나요?
  _____

- 지금 내가 중요하게 여기는 가치는 무엇이고 10년 뒤의 내가 중요
  하게 여길 가치는 무엇인가요?
  _____

  _____

FUTURE
SELF

3장
바라는 바를 현실로 만들려면
심리대조

바라는 것과 현실 사이의 불일치를 의식하고,
그 틈을 뛰어넘으려는 의지가 생겨나지 않으면
출발조차 할 수 없습니다.

여러분은 어떤 종류의 환상을 갖고 있나요? 어떤 이미지를 자주 떠올리나요? 사전적 의미로 환상이란 '현실적인 기초나 가능성이 없는 헛된 생각이나 공상'을 말합니다. 개인차는 있겠지만 누구나 환상을 갖고 있습니다. 실현될 가망이 없다는 사실을 자각하면서 막연히 꿈꾸기도 하고, 어느 정도 실현 가능성이 있다고 믿으면서 꿈꿀 때도 있습니다.

'이렇게 되면 좋겠다'고 간절히 바란다고 해서 그것이 저절로 이루어지지는 않지요. 뚜렷한 목표와 더불어 구체적으로 계획을 세우고 하나하나 실천해나가야 현실이 될 가능성이 높아집니다. 물론 공상 자체를 즐기는 경우도 있습니다. 백일몽의 모든 이미지가 그대로 현실이 된다면 어쩌면 더 끔찍할 수도 있지요.

하지만 간절한 소망이 담긴 꿈이라면 얘기가 달라지지요. 이때 어떤 사람은 꿈을 이루기 위한 방법을 찾지 못해 막연하게 꿈으로만 간직하고, 어떤 사람은 적극적으로 도움을 줄 수 있는 사람을 찾아 나서기도 합니다.

꿈을 현실로 척척 이루어내는 사람이 있고, 그저 꿈으로만 지니고 있는 사람이 있는데, 그 차이는 무엇일까요?

환상실현이론: 이루어지는 꿈의 비밀

뉴욕대학교의 심리학자 가브리엘레 외팅겐Gabriele Oettingen은 왜 어떤 꿈은 이루어지고 어떤 꿈은 환상으로만 그치는지, 그 차이를 설명하기 위해 환상실현이론theory of fantasy realization을 제안했습니다. 이 이론에 따르면 환상을 실현하기 위해 사람들은 탐닉indulging, 곱씹기dwelling, 심리대조mental contrasting 세 가지 방법을 주로 사용합니다.[1]

탐닉은 미래가 지금 바라는 대로 이루어진 양 계속 상상만 하는 것입니다. 멋진 미래, 성공한 모습, 이상형의 연인을 만나 행복한 시간을 보내는 상상을 하는 데에만 푹 빠지는 것이 탐닉입니다. 반대로 곱씹기는 불만족스러운 지금의 현실에 대해 계속 생각하는 것입니다. 왜 나한테는 이런 능력이 없을까, 왜 하필 이 회사에 다니게 되었을까, 왜 만나는 사람마다 죄다 이상할까…….

탐닉은 생각이 미래에 가 있고, 곱씹기는 생각이 현실에 머물러 있습니다. '동경하는' 탐닉과 '불평하는' 곱씹기에는 공통점이 있어요. 둘 다 어느 한쪽에 마음이 쏠려 있어서 불일치를 실감하지 못한다는 것입니다. '내가 바라는 것은 A인데 현실은 B다'와 같이 바람과 현실 모두를 인식하고, 둘 사이에 '불일치'가 있음을 인식해야 문제를 해결하려고 움직입니다. 하지만 탐닉이나 곱씹기에서는 불일치가 일어나지 않죠. 그래서 자신이 바라는 미래를 이루는 데 필요한 행위들을 생각하고 계획하는 데까지 도달하지 못합니다.

어떤 사람은 바라는 대로 실현되고, 어떤 사람은 꿈만 꾸다가 마는 이유 중 하나가 여기 있습니다. 우리의 의식과 무의식은 비용(노력)에 매우 인색해서, 실현 가능성이 없다고 판단되면 꿈쩍도 하지 않아요. 바라는 것과 현실 사이의 불일치를 의식하고, 그 틈을 뛰어넘으려는 의지가 생겨나지 않으면 출발조차 할 수 없습니다. 내가 그것을 해낼 거라는 기대가 생기지 않고, 그러니 바라는 미래 상태에 도달할 가능성을 따져본 뒤 구체적인 목표 설정을 할 수 없지요. 따라서 탐닉이나 곱씹기만 하는 사람은 꿈을 현실화할 가능성이 크든 작든 관계없이 뭐든 대충 하는 경향이 있습니다.

예를 들어 회사에서 진급시험을 보는 경우, 준비는 하지 않은 채 합격해서 만족스러운 조건을 얻는 모습만 떠올리며 탐닉하거나, 현재 겪고 있는 상사와의 갈등이나 불편한 근무조건 등 부정적인 상황만 곱씹는다면 실제 성공 확률도 낮아집니다.

불일치를 부각하는 전략

반면 '심리대조'를 사용하는 사람들은 먼저 소원이나 환상을 성취하는 장면(예: 진급시험 합격)을 상상한 다음, 이를 달성하지 못하도록 가로막는 현실을 돌이켜봅니다(예: 공부가 부담스러워 계속 미루기). 심리대조는 둘 사이의 '불일치'를 두드러지게 부각합니다. '나는 아직 바라는 것을 이루지 못했다. 따라서 이를 달성하려면 지금 뭔가를 해야 한다'고 자연스럽게 인식하게 하는 문제해결 전략입니다. 불일치에 대한 명확한 인식은 원하는 미래에 도달하고 싶다는 기대를 활성화하고 목표를 향한 헌신과 후속 노력을 이끌어냅니다.

심리대조를 활용하면 우선 목표를 제대로 설정할 수 있습니다. 간절히 바라면서도 실현 가능성이 있는 것을 선택하죠. 바라는 것을 명확하게 떠올리고 지금의 여건을 숨김없이 드러내어 그 간극을 가감 없이 볼 수 있습니다. 그뿐 아니라 심리대조는 목표 달성을 위한 최적의 수단을 선택하는 데도 영향을 끼칩니다.[2] 미래와 현실을 연결할 뿐 아니라 지금 현실의 장애물을 극복하고 원하는 미래를 달성할 수 있도록 필요한 전략과 방법들을 찾아내고 연결해줍니다.[3]

원하는 미래를 현실의 장애물과 생생하게 대조하는 심리대조 전략은 성공에 대한 기대가 높을 때 목표 지향적 행동을 유발하고, 기대가 낮을 때에는 목표 지향적 행동을 억제합니다.[4] 런던시티 대학교의 심리학자 안드레아스 카피스Andreas Kappes 연구팀은 목표 달성에 대한 기대가 높은 경우와 낮은 경우에 심리대조가 각각 어떤 영향을 끼치는지 실험했습니다.[5] 이루고 싶은 상태는 건강한 몸, 현재 방해요소는 운동 부족이라고 응답한 참여자들을 상대로 자신의 바람과 현재 상태에 대해 구체적으로 기록하면서 둘의 차이를 생생하게 부각하는 심리대조를 실행했죠. 그런 뒤 엘리베이터와 계단을 동시에 맞닥뜨렸을 때 무엇을 선택해 이동하는지 보고하게 했습니다. 그 결과 몸을 더 건강하게 만들 수 있다는 기대가 높은 사람일수록 계단을 더 많이 이용하는 것으로 나타났습니다. 반면 목표 달성에 대한 기대가 낮은 사람은 계단보다 엘리베이터를 더 많이 이용했습니다. 연구자들은 성공 기대가 낮으면 심리대조를 했을 때 장애물이 오히려 더 커 보이기 때문에 목표를 향한 행동을 하지 않게 만드는 역설적 효과가 있다고 설명합니다. 이처럼 성공에 대한 높은 기대와 짝을 이루는 심리대조는 현실의 장애물과 장애물 극복에 도움이 되는 행동 사이에 강한 연관성을 생성합니다. 연관성이 강하면 강할수록 목표 지향적 행동에 영향을 끼치는 심리대조의 효과 또한 크게 나타나지요.

뇌를 준비시키는 심리대조의 효과

심리대조는 성공 가능성 유무와 관계없이 효과적인 방법입니다. 간절히 원하면서도 자신의 노력으로 해낼 수 있다고 생각되는 일이라면 심리대조를 사용할 경우 바로 계획하고 실행에 옮김으로써 성공 가능성을 더 높일 수 있습니다. 반면 심리대조를 통해 원하는 미래와 현실 사이의 불일치를 있는 그대로 직면했을 때, 도저히 내가 좁히거나 해결할 수 없는 수준의 불일치라고 판단되면 오히려 실행하지 않음으로써 환상을 포기합니다. 대신 목표를 조정하거나 바꾸죠. 심리대조법은 이런 과정을 통해 실현 가능한 목표와 실현 불가능한 목표를 구별하는 데 도움을 줍니다.

애초에 무엇이 목표이고 무엇이 단순한 환상인지 구별하지 않고 두루뭉술한 꿈을 가진 사람이 많습니다. 간절히 원하지만 당당하게 말하지 못하는 목표도 있고, 정말로 원하는 게 아닌데 현실도피를 위해 막연히 그리는 환상도 있습니다. 만약 여러분이 무언가를 매우 바라는데 그것을 이루기 위한 계획을 세우지 않고 행동으로 옮기지도 않는다면, 그것은 목표가 아니라 환상에 불과합니다. 우리 뇌는 가능성이 매우 낮아 보이는 일에 대해서는 구체적인 계획을 세우지 않아요. 공상과 탐닉으로 대충 즐기고 넘어가려고 하죠. 외팅겐과 동료들의 실험 연구 결과가 보여주듯[6] 어려운 과업을 성취하려면 에너지가 필요한데, 탐닉은 에너지를 소진시켜 과업 수행의 질을 떨어뜨립니다. 환상에 대한 탐닉은 현실에서 진짜 이뤄내야 할 것들로부터 주의를 빼앗아 현실을 더 악화시킬 수 있지요. 꿈이 목표가 되려면 실현 가능성이 있어야 합니다. 불일치로부터 고개를 돌려서는 안 됩니다. 그 간극을 계속 직시하며 줄이려는 마음을 내야 계획과 실행으로 이어집니다.

또한 심리대조는 부정적인 피드백에 잘 대처하게 해주기도 합니다. 심리대조를 사용하는 사람이 부정적인 피드백을 받으면 자신의 능력이나 존재에 대한 비난으로 받아들이기보다는 과업 중심으로 사고하고 대응합니다. 그래서 자책하거나 감정에 빠지는 일 없이 부족했던 점을 검토하고 더 적극적으로 노력하죠.[7]

심리대조와 탐닉이 다르게 일어난다는 것을 뇌에서도 확인할 수 있을까요? 원하는 미래 모습과 현재 상태를 오가며 생생히 대조하는 심리대조와 원하는 미래를 상상만 하는 탐닉은 뇌신경의 활성화에서도 차이가 있습니다. 뇌의 전기적 활동으로 생성된 자기장을 측정해 뇌 활동을 살펴보는 뇌자도magnetoencephalogram, MEG 분석 결과를 보면, 탐닉은 단순 휴식과 다르지 않았습니다.[8] 반면 심리대조가 진행 중인 뇌에서는 작업기억, 일화기억, 의도 유지, 행동 준비, 시각화와 관련된 영역에서 신경 활동이 증가했습니다. 탐닉은 현실도피적 공상에 불과하므로 아무것도 대비하지 못합니다. 반면 심리대조는 원하는 미래를 생생하게 상상하고, 현실에서 그것을 실현하기까지의 어려움을 예상하고, 그 장벽을 어떻게 극복할지 계획하는 '문제해결 전략'이라고 할 수 있습니다.

실행의도: 목표 추구의 전략적 자동화

목표를 향해 꾸준히 실행할 수 있으려면, 우선 그 목표가 매우 원하는 것인 동시에 현실적으로 가능하다고 여겨져야 합니다.[9] 현실적으로는 충분히 가능한데 별로 원하지 않으면 새삼 목표라고 얘기할 수 없겠고, 아무리 강렬히 원해도 마음 한구석에 '에이 내가 할 수 있겠어?'라는 의심이 있다면 크게 노력하지 않을 테니까요.

목표를 이루기 위해서는 많은 것이 필요합니다. 필요한 행위를 미루지 않아야 하고, 주변에서 자극을 받아도 흔들리지 않도록 목표를 잘 되새기며 보호해야 합니다. 이를 돕는 매우 강력한 전략 중 하나는 '실행 자체에 집중하는 것'입니다. 무슨 얘기인지 알쏭달쏭한가요?

1장에서 설명했듯, 목표의도란 목표에 대한 의도입니다. '나는 Z를 이룰 것이다!'처럼 원하는 결과 상태를 의도합니다. 반면 실행의도는 '상황 X가 발생하면 나는 Y를 하겠다!'의 형태로 실행 그 자체를 의도합니다. 언제, 어디서, 무엇을, 어떻게는 있지만, '왜why'의 자리는 없습니다. 실행의도는 왜 하는지, 결국 무엇을 바라는지와 같은 생각을 원천적으로 배제합니다. 직관적으로 생각해도 매우 똑똑한 전략이죠. 예를 들어 공부나 운동처럼 좋은 일이지만 귀찮거나 하기 싫을 때 우리는 안 할 이유를 만들어내어 합리화하는 경향이 있습니다. 아무도 묻지 않는데 온갖 생각을 동원해 자신에게 핑계를 댑니다. 생각을 거듭하면서 감정도 부풀립니다. 하기 싫다는 불편감이나 불쾌감을 키우죠. 어쩐지 몸이 아픈 것 같기도 하고 더 급한 다른 일을 해야 할 것 같은 느낌도 들고요. 더 나은 핑계와 그럴듯한 이유를 찾다가 시간이 흐르다 보면 '어머 시간이 벌써 이렇게 됐네' 하면서 정말로 건너뜁니다.

많은 이가 이런 현상을 보편적으로 경험하는데, 목표와 계획대로 실천하지 못하는 대표적인 이유를 보여줍니다. 목표의도는 '나는 ○○를 원해' 또는 '나는 ○○를 할 거야'와 같이 바라는 상태만 담고 있어서 종종 실행으로 이어지지 않는 경향이 있습니다. 이에 반해 실행의도는 두 가지 항목, X(상황)와 Y(행위)로 구성되기 때문에 그 안에 이미 행동 계획이 포함되어 있습니다.

'왜 나는 계획은 잘 세우는데 실천이 안 되지?'라고 고민하는 분들은 매일 목표의도만 세워서 그렇습니다. 생각이 그대로 행동으로 옮겨지는 것은 아니니까요. 뭔가를 안다고 해서 그만큼 동기가 늘어나지도 않고요. 생각, 행동, 지식, 동기는 모두 별개의 프로세스입니다. 따라서 계획이 행동으로 이어지려면 아주 구체적으로 행동을 세팅해야 합니다. 그러려면 '나는 이럴 때 이렇게 행동하는 경향이 있음'을 잘 알아야겠죠. 바람직한 행동을 미리 생각한 뒤 조건과 행위를 연결지어 실행의도를 설정합니다.

예를 들어 다이어트에 가장 큰 방해가 되는 것 중 하나가 야식입니다. 자신의 패턴을 잘 관찰해서 사전에 대체 가능한 행동을 설정해두면 아주 간단하면서도 강력한 실행의도가 됩니다. 예를 들어볼까요. '밤에 과제를 하다가 갑자기 배가 고프면, 나는 우유를 한 잔 따뜻하게 데워 마시겠다.' 배달음식에 접근하기 어렵게 밤에는 핸드폰 전원을 끄고, 라면이나 정크푸드를 사두지 않는 등의 자잘한 조치들도 큰 도움이 됩니다.

아침에 일찍 일어나 30분간 명상이나 독서를 하고 출근하겠다고 마음먹은 분들은 어떤 실행의도를 만들어볼 수 있을까요? '일찍 일어나겠다'는 다짐이 번번이 무너지는 이유는 대개 늦게 잠들기 때문이죠. 너무나 당연한 얘기지만 일찍 일어나기는 일찍 자야만 실행할 수 있습니다. 밤이면 쌩쌩해진다며 웹툰과 온갖 영상 다 챙겨 보면서 새벽에 일찍 일어나려면 어떻게 해야 하느냐고 묻는 분들에게 11시 이전에 핸드폰을 비롯한 모든 기기의 전원을 끄라고 말씀드리면 어색한 웃음이 돌아옵니다. 하나만 선택해야겠죠?

"X라면 Y하자"

미래에 일어날 특정 상황이나 사건을 콕 집어서 X(if) 항목에 넣어두고, 이런 순간을 맞닥뜨렸을 때 어떻게 반응할 것인지를 구체적으로 정해 Y(then) 항목에 넣어둡니다. 그러면 'X라면 Y하자'와 같은 형태가 되어, 의식적 노력을 들이지 않고 자동으로 행동을 일으킬 수 있습니다.[10] 심리학적으로 설명하면 이렇습니다. 우선 상황 신호(X)와 목표 지향적 행동(Y) 사이에 강력한 연결고리를 만듭니다. 의도된 행동(Y)의 시작을 제어하는 기능을 특정 상황(X)

에 위임하는 것입니다. 그러면 그때그때 생각하면서 결정할 때보다 쉽고 빠르게 원하는 행동을 할 수 있습니다.[11] 이처럼 목표에 일치하는 행위를 '언제, 어디서, 어떻게' 할 것인가 미리 세팅해두는 실행의도를 이프-덴 플랜if-then plan이라고도 부릅니다. 많은 연구를 통해 실행의도는 목표를 설정하는 것과 목표대로 실현하는 것 사이의 격차를 줄이는 데 효과적이라고 밝혀졌습니다.

그렇다면 실행의도는 단순한 행동 계획과 뭐가 다를까요? 의식적인 노력과 통제 없이 이루어지지 않는 행동 계획과 달리, 실행의도의 가장 큰 특징은 '자동성'입니다. 실행의도의 상황 단서는 다른 목표를 추구하는 동안에도 단순한 목표의도보다 주의를 끄는 경향이 있습니다. 이를 검증하기 위해 독일 콘스탄츠대학교의 심리학자 프랑크 비버Frank Wieber는 다음과 같은 실험을 했습니다.[12] 실험 참가자들을 실행의도(예: '꽃' 단어를 보면 왼쪽 컨트롤키를 누르고, '곤충' 단어를 보면 오른쪽 컨트롤키를 누른다) 집단과 목표의도(예: '꽃' '곤충' 단어에 최대한 빨리 정확하게 응답한다) 집단으로 나누어 에릭슨 수반자극 과제Eriksen flanker task를 주었습니다. 수반자극 과제란 주변 자극은 무시하고 목표물, 곧 표적자극에만 주의를 집중하여 반응하도록 하는 과제로 주의 할당에 관한 연구에서 많이 쓰는 방법입니다.[13]

실험 결과 실행의도 집단만 관련 단서(꽃, 곤충)가 화면에 나타날 때마다 주의력에 간섭을 받았습니다. 다시 말해 실행의도의 상황 단서가 표적자극에 가깝게 나타날 때 참가자의 반응은 느려졌습니다. 하지만 참가자들은 이렇게 주의에 간섭이 일어난 효과를 인식하지 못했는데, 연구자들은 이것이 실행의도가 갖는 자동적 주의의 효과라고 설명합니다. 'X라면 Y하자'의 형태로 실행의도를 형성해두면 특별히 의식하지 않아도 X에 해당하는 상황 단서가 주의를 붙드는 효과가 있다는 것이죠. '밤 11시에는 핸드폰을 끄자'라고 실행의도를 형성했다면 별생각 없이 다른 일을 하다가도 시계에서 11이라는 숫자를 보고 '멈칫'한다는 겁니다.

실행의도의 핵심이 바로 이런 통제 불가능한 자동성입니다. 또 실행의도에는 즉각성과 효율성도 있어요. 의도한 기회와 맞닥뜨리면 목표 지향적 행동이 즉각 시작되도록 촉진하기 때문에 목표 실현의 장애물을 극복할 때 효율적인 자기조절 도구가 됩니다.[14] 누구나 공부나 독서, 운동, 다이어트 등에 관해 목표를 세우고 꼼꼼히 짠 행동 계획에 따라 실행하다가도 스트레스나 피로가 심할 때면 다 내려놓고 옛 습관대로 돌아가는 경험을 했을 거예요. 다음 장에서 자세히 알아보겠지만 이런 현상은 의지력 부족이나 통제력 부족 때문이 아닙니다. 성격이나 감정 문제는 더더욱 아니에요. 생각과 행동을 제어할 동기가 부족하거나, 제어 프로세스를 처리할 인지 자원이 일시적으로 부족해서 일어나는 일입니다. 실행의도는 이처럼 인지 부하가 높은 경우에도 타깃 행동에만 초점을 맞추기 때문에 과제를 효과적으로 처리하도록 촉진합니다.[15]

한편 실행의도를 이미 형성한 사람들은 실행의도와 연결된 특정 상황의 단서를 '잠재의식' 수준으로만 제시해도 그렇지 않은 사람들에 비해 목표 행동을 하는 시간이 더 빨랐습니다.[16] 의식하지 못한 사이에 행동이 준비되어 더 일찍 반응했다고 볼 수 있지요. 이런 결과는 일단 실행의도를 형성하고 나면 의식적 의도 없이도 자동으로 행동이 시작된다고 알려줍니다. 실행의도는 한마디로 '목표 추구의 전략적 자동화'라고 요약할 수 있겠네요.[17]

심리대조와 실행의도가 만나면: MCII

매번 생각하거나 애써 노력하지 않아도 원하는 행동을 일으킬 수 있는 실행의도는 목표 달성 과정에서 현실의 어려움을 의식적으로 비교하는 심리대조와 함께 쓰일 때 더욱 강력한 효과를 발휘합니다. 자동행동(실행의도)과 의식적으로 통제된 행동(심리대조)의 시너지를 극대화하는 MCIImental contrasting with implementation intentions[18]는 여러 분야에서 다양한 문제를 개선하고 목표를 이루는 효과를 보였습니다.[19]

식습관, 학업, 건강, 운동, 대인관계 등 다양한 영역에서 찾아낸 대표적 성과들을 좀 살펴볼까요? 건강하지 않은 식습관을 개선할 때 MCII는 실행의도만 사용할 때보다 더 효과가 높았는데, 연구자들은 심리대조 덕분에 원치 않는 습관적 행동을 더 명확하게 자각하기 때문이라고 설명합니다.[20] 학습 자원도 부족하고 동기도 낮은 저소득층 학생들에게 목표 추구에 대한 메타인지적 자기조절 전략을 가르쳐주기 위해 MCII를 교육에 도입한 결과, 학생들의 성적과 학업 참여 활동이 모두 좋아지는 효과가 나타났습니다.[21] 운동 습관이 제대로 잡혀 있지 않은 뇌졸중 환자들을 대상으로 MCII 자기조절 전략을 가르친 프로그램에서는 환자들의 운동량이 늘고 체중이 줄어드는 긍정적 효과가 있었지요.[22]

비단 개인의 문제만이 아니라 연인, 가족, 직장 동료 등의 관계 문제에도 적용해볼 수 있습니다. 연인과의 관계에서 불안감을 완화하기 위한 행동은 도리어 불안감을 높여 관계를 악화시키기 십상입니다. 연락이 안 되는 상황에서 심하게 통화에 집착한다든지, 괜한 질투와 의심으로 자신과 상대방을 힘들게 하기도 합니다. 이러한 행동들은 자신도 모르는 사이에 불안감을 통제하려고 만들어낸 습관적 대처라서 고치고 싶어도 잘 바뀌지 않습니다. 외팅겐 연구팀은 이런 패턴을 바꾸고 싶어하는 실험 참가자들을 대상으로 MCII 훈련을 했습니다. 바라는 목표(예: 잔소리와 의심으로 서로 싸우지 않고 함께 행복한 시간을 보내고 싶다)와 목표 달성에 방해가 되는 현실의 장애물(예: 잠시만 연락이 되지 않아도 의심하게 된다)을 심리대조로 생생하게 부각하고, 실행의도(예: 의심이 드는 순간, 나는 그 생각을 더 진전시키지 않고 내 일에만 완전히 집중할 것이다)를 설정해 날마다 실천하게 했죠. 사실 매우 간단한 조치인데도, 참가자들은 고작 일주일 만에 자신이 바라는 대로 부정적 행동이 많이 줄어들었다는 사실을 깨달았습니다. 두 달이 지나자 이전보다 훨씬 안정적으로 서로에게 헌신하는 좋은 관계로의 변화가 일어났습니다.[23] 사람은 그대로인데 아주 사소한 행동 장치가 관계 경험을 바꾸었다는 사실이 놀랍지 않나요?

감정적으로 힘들거나 몸이 피곤하면 가족이나 직장 동료, 친구, 연인처럼 자주 만나는 사람들에게 제어되지 않은 자동반응을 쉽게 하게 됩니다. 마음은 그렇지 않은데 자신도 모르게 부정적 말이나 행동을 해서 결국 돌이킬 수 없는 지경으로까지 관계를 악화시키기도 하죠. 이런 상황을 개선하는 데에도 MCII를 적용해볼 수 있습니다. 먼저 심리대조로 자신이 진정 바라는 관계(예: 서로 존중)와 그것을 이루지 못하게 하는 방해 요소(예: 불안할 때마다 공격적으로 말하는 태도)를 구체적으로 떠올립니다. 그다음으로 실행의도를 설정합니다(예: 불안이 고조되는 순간이 오면, 상대를 비난하지 않고 내 약점을 솔직히 인정할 것이다). 어떤 마음으로 어떤 말을 할 것인지 구체적으로 연습해두면 더 효과적입니다. 이렇게 설정된 MCII는 문제에 압도되어 감정적으로 반응하기 전에 상황을 조망하게 하고, 오래된 패턴(예: 상대방을 비난)을 깨어 더 나은 행동(예: 나의 약점을 솔직하게 인정)을 하도록 미리 준비시켜주기 때문에 돌발 상황(예: 불안 고조)에서도 새로운 태도로 대처하는

데 도움이 됩니다.

좋은 행동을 즉각 실행하고 지속하게 만들기

한편 실행의도는 건강에 도움이 되는 행동을 즉각 실행하고 지속하는 데도 매우 효과적입니다. 꾸준히 운동하고 싶어하는 중년 여성들을 대상으로 한 MCII 자기조절 연구[24]에서 참가자들은 원하는 운동 방식을 자유롭게 선택한 뒤에, 각자 가장 부담스러운 장애물을 떠올리고 어떻게 대처할 것인지 기록했습니다. 그리고 매일 운동한 시간을 추적하기 위해 행동일지를 썼습니다. 운동량이 늘어나는 효과는 프로그램 시작 직후부터 나타났습니다. 4개월에 걸친 연구 기간 동안 효과는 안정적으로 유지되었고, 프로그램에 참여하지 않고 정보만 받은 사람들에 비해 두 배 이상 많이 운동한 것으로 나타났습니다.

건강한 식생활을 촉진하는 MCII 프로그램에서는 과일과 채소를 더 많이 먹도록 실행의도를 설정하고 매일 얼마나 먹었는지 기록하게 했습니다. 참가자들은 점차 식습관에 변화가 일어났고, 놀랍게도 이러한 변화는 2년 뒤에도 지속되었습니다.[25] MCII는 이처럼 많은 시간과 노력을 들이지 않고도 목표를 향해 지속 가능한 변화를 이끌어내는 효율적인 자기조절 기법입니다.

다른 방법들과 마찬가지로 MCII도 장기적으로 실시했을 때 더 많은 변화를 낳았습니다. 특히 실행의도는 복잡하거나 어렵지 않게, 단순하고 명확한 행동 계획으로 만들수록 좋습니다. 스스로 적용해볼 수 있고 워크숍이나 교육 프로그램에 참여해서 실시할 수도 있는데, 후자의 경우 온라인보다는 오프라인이 더 효과적인 것으로 나타났습니다.[26]

그런데 한편으로는 실행의도의 구체성이 때로는 더 나은 방법을 찾지 못하도록 시야를 가릴 수도 있습니다. 전문가들은 'X라면 Y하자'의 명확함은 실행에는 확실히 도움이 되지만, 다른 대안을 무시하도록 만들어 목표 달성에 오히려 방해가 될 수도 있다고 지적합니다.[27] 예를 들어 새로 옮긴 회사에서 사람들과 빨리 친해지고 싶어 '동료가 도와달라고 하면 일단 들어주자'라는 실행의도를 만들었는데, 이로 인해 정작 자신의 업무를 할 시간이 부족해서 매일 야근을 하게 된다면 머잖아 번아웃을 경험할 수도 있죠. 따라서 MCII 전략을 쓸 때는 자신의 현재 상황에 부합하는지, 더 나은 대체 행동은 없는지 유연하게 접근할 필요가 있습니다. 하나의 MCII가 효과적이지 않다고 판단되면 과감하게 새로운 MCII를 설계해야 하는데, 이때 심리대조를 적극적으로 활용하면 도움이 됩니다. 방금 말한 사례의 경우라면 '내가 이 회사에 동료들을 사귀기 위해 입사했는지' '그보다 상위 목표와 목적은 없었는지' '정말 바라는 것이 무엇인지' 점검해봐야겠지요.

심리대조는 잘 보이지 않는 잠재적 장애물도 섬세하게 감지하도록 돕습니다.[28] 따라서 내가 정말 원하는 게 무엇이고, 그것을 방해하는 현실의 요소는 무엇인지 한 번 더 생생하게 대조하고 점검한 뒤에 실행의도를 다시 설정하면 좋습니다.[29] 특히 X에 해당하는 if 요소를 개인적 상황에 맞추어 정교하게 설정하고, 심리대조를 통해 if에서 맞닥뜨릴 수 있는 중요한 장애물이나 어려움을 알아차릴 때 실행의도가 더욱 잘 기능합니다.[30]

MCII 응용 연습

1. 발표할 때마다 불안 때문에 힘든 경우

많은 직장인이 발표 불안을 호소합니다. 이럴 때 MCII를 어떻게 활용할 수 있을까요? 먼저 심리대조를 해보겠습니다.

① 프레젠테이션을 앞둔 상황에서 내가 해내고 싶은 가장 이상적인 모습을 생생히 떠올립니다. '아, 이렇게 유창하게 발표하고 여유롭게 질의응답에 응한다면 얼마나 좋을까!' 처럼요.

② 이미 경험했거나 잠재적으로 일어날 수 있는 부정적 현실을 떠올립니다. 최악의 상황, 가장 끔찍한 경우가 무엇인지 하나하나 적어봅니다.

③ 실행의도를 설정합니다. 만약 남들의 평가나 상사의 코멘트가 두렵다면, 가장 두려운 상황이 일어났다고 가정하고 내가 할 말을 미리 준비해둡니다. 머릿속에서만 생각하는 게 아니라 입 밖으로 꺼내어 말해봅니다. 바로 튀어나갈 수 있도록 자연스러운 내 말투로 정리합니다. 예를 들면 이렇게 준비하는 겁니다.

X: 팀장님이 싸늘한 반응을 보이며 부족한 부분을 지적

Y: "죄송합니다. 말씀하신 세 가지 부분을 바로 보완해서 다시 보여드리겠습니다."

회사에서는 변명할 필요가 없습니다. 언제까지 어떻게 보완할 수 있는지가 중요하죠. '경험이 부족해서' '시간이 없어서' '다른 일과 병행하느라 미처 파악하지 못해서' 같은 변명은 팀장에게 정보 가치가 없겠지요. 특히 부정적 상황에서는 지금 문제가 되는 일인 프로젝트에 관해서만 얘기하는 것이 좋습니다. 내 처지를 설명하는 것이 아니라 상대방에게 필요한 메시지만 짧게 전달하는 거죠. 내가 보고하는 대상의 처지에서 어떤 정보가 필요한지 먼저 생각해보고 헤아린다면, 자신의 감정이나 생각으로 문제를 부풀리면서 잘못된 예측과 추론으로 마음이 산란해지는 일은 줄어듭니다.

2. 꾸준히 하기 어려운 경우

변화하고 싶다면 새로운 행동을 일정 기간 반복해야 합니다. 매일 하는 것이 가장 좋고, 여의치 않으면 요일과 시간을 정해놓고 실행합니다. 그리고 일지에 한 것과 하지 않은 것을 모두 기록해 있는 그대로의 과정을 모니터링합니다.

식습관 개선을 목표로 할 경우를 예로 들어볼까요. 일단 먹은 것을 그때그때 적어둡니다. 초콜릿 한 쪽, 우유 한 잔까지 적습니다. 꾸준한 운동을 목표로 할 때는 운동한 시간과 운동의 강도를 기록합니다. 진척 상황이 한눈에 보이도록 달력 형태로 작성하면 더 좋습니다. 앱이나 다른 디바이스를 활용해도 좋지만, 탁상 달력에 기록해 잘 보이는 곳에 세워두고 틈틈이 들여다보면 더욱 효과적입니다. 계획대로 잘하지 못한 것도 그대로 씁니다. 잘 안 되면 안 되는 대로, 10분의 1이라도 실천한다는 마음으로 합니다.

그렇게 과정을 기록하고 추적해서 어떤 때 잘 실천하고 언제 느슨해지는지 분석합니다. 일지를 작성하고 과정을 모니터링하다 보면 자신의 행동 패턴에 대한 이해도가 높아집니다. 과정에서 이미 결과가 나온다고 해도 과언이 아니죠. 목표와 계획을 세우고 일지를 작성하면서 과정을 들여다보고 분석하는 경험은 다른 목표를 위해 실행할 때에도 큰 도움이 됩니다.

때때로 감정, 기분이 매우 중요한 단서가 됩니다. 누구를 만났는지, 무슨 일이 일어났는지는 잊어도 그때의 감정은 남는 법이죠. 이 감정은 다른 것보다 오래 기억되어 어떤 것에 다가가거나 피하는 동기로 작용하곤 합니다. 따라서 감정을 같이 기록해두는 것도 효과적입니다. 운동이나 공부와 같이 자기계발 계획을 제대로 실천할 때는 뿌듯한 기분이 들지요. 하기 싫었다가도 하고 나면 기분이 훨씬 좋아집니다. 시작이 어렵지 일단 시작하면 뭔가 더 쉬워지잖아요? 그 경험들을 잘 알아차립니다.

더 반복하고 싶은 일은 그 순간의 뿌듯함을 잘 포착해두고, 다시는 반복하고 싶지 않은 일은 그때의 불쾌함이나 씁쓸함, 좌절감을 잘 새겨두세요. 감정을 잘 간직하거나 기록해두면, 사실에 대한 기억은 희미해져도 무의식중에 옳은 선택을 하도록 도와주는 효과가 있습니다. 물론 우리는 감정의 영향력을 과대평가해 잘못 예측할 때도 많지만, 이미 경험한 감정의 영향력을 유리하게 활용할 수는 있습니다. 한편 계획대로 하루 이틀 실천하지 못했다면? 실망하기보다는 마음을 다잡고 바로 다시 시작하는 것이 훨씬 유익합니다. 그런 과정들도 잘 알아차리고 기록해둡니다.

3. 심리대조와 실행의도 직접 설정해보기

① 이루고 싶은 한 가지 목표(도달하고 싶은 상태)를 한 줄로 씁니다.

_____

② ①과 관련해서 현재 수준, 현재 상태에 대해 한 줄로 씁니다.

_____

③ ①과 ②의 차이는 무엇인지 구체적으로 씁니다.

_____

_____

④ 그 차이를 좁혀줄 수 있는 실천 행동으로 무엇이 있을까요?

_____

⑤ ④의 행동 중 지금 할 수 있는 것을 'X라면 Y하자' 형태의 실행의도
로 만듭니다.

_____

_____

_____

_____

4장
생각과 노력은 비싸다
인지제어

'노력'은 이성과 의지력의 문제가 아니라
가치기반 의사결정 메커니즘에 따라 일어납니다.

강도 높은 운동을 하거나 오랫동안 걸었을 때, 이사를 하거나 대청소를 하고 난 뒤에 우리는 피로감을 느낍니다. 온몸의 힘을 다 써버린 느낌이 들어서 일찍 잠자리에 들기도 합니다. 몸을 많이 쓰면 피로하듯 머리를 많이 써도 지치고 힘듭니다. 실수하지 않기 위해 매우 집중했거나, 해결하기 어려운 문제를 풀려고 낑낑대며 생각했거나, 원치 않는 상황에 휘말려 헛수고를 했다고 여길 때 에너지가 고갈된 느낌을 받습니다.

하지만 이러한 정신적 피로나 고갈에 대해 과학적으로 설명하기란 쉽지 않습니다. 물리적으로 에너지가 바닥나서 피로감을 느끼는 것일까요? 뇌에서 뭔가 해로운 물질이라도 분비되는 걸까요? 아니면 단순히 기분 탓일까요? 우리가 노력할 때 뇌에서는 도대체 무슨 일이 일어나는 것일까요? 왜 노력은 오래 지속하기 어려울까요?

지금부터 노력, 그중에서도 정신적 노력의 메커니즘을 살펴보려고 합니다. 삶에서 중요한 것들은 대개 노력으로 얻어지는데, 노력이 어떻게 할당되어 어떻게 쓰이는지 우리는 거의 알지 못합니다. 왜 어떤 것에는 노력을 기울이고, 어떤 것에는 노력하지 않을까요?

원하는 미래를 이루려면 당연히 노력이 필요합니다. '뭐든지 무조건 열심히'가 아니라 '필요한 일에 효과적으로 노력'하도록, 신경과학이 밝혀낸 노력의 메커니즘을 알아봅니다.

생각의 비용: 의지력이 아닌 의사결정 문제

누구나 머리를 많이 쓰는 건 힘들다고 생각합니다. 웬만하면 피하고 싶어하죠. 너무 당연하게 여겨지니 왜 그런지 묻지도 않아요. 그래서 보상을 제시합니다. 학생들이 공부를 더 오래 잘하도록, 직장인들이 일을 더 오래 잘하게 하려고 각종 동기부여 방법과 이런 저런 인센티브를 고안합니다. 일하거나 공부할 때 정신적으로 전혀 힘들지 않다면 애초에 동기부여나 인센티브를 고민할 필요도 없겠지요. 실례로 심리학 연구를 위해 실험에 참가한 사람들도 실험 후 받는 보상이 클수록 과제에 더 정확히, 더 빨리 응답했습니다.[1] 심지어 보상과 관련이 없어 보이는 지능검사에서조차 돈이나 쿠폰 같은 인센티브를 제공하면 동기가 강해져서 지능이 더 높게 나왔지요.[2] 놀랍지 않나요?

인간이 노력을 회피하는 경향은 부하선택 과제demand selection task가 주어질 때 더 선명하게 드러납니다. 자기가 들일 노력의 수준을 선택할 수 있을 때 사람들은 대개 보상이 좀 적더라도 인지적 노력이 덜 요구되는 작업을 선호하는 경향이 있어요.[3] 흥미로운 사실은 문제 간의 난이도 차이를 의식적으로 인지하지 못할 때도 훨씬 높은 비율로 쉬운 문제를 선택했다는 것입니다.[4] 웬만해서는 머리를 쓰지 않으려 한다는 얘기죠. 그러다 보니 보상의 가치가 훨씬 커야 머리 쓰는 일에 더 적극적으로 참여하려고 합니다.

이처럼 인지제어cognitive control를 행사하기로 선택하는 것은 단순히 이성과 의지력의 문제가 아니라 가치기반 의사결정 메커니즘에 따라 일어난다는 주장이 학자들 사이에서 꾸준히 제기되고 있습니다.[5] 이를테면 어느 고등학생이 어려운 수학문제를 끝까지 풀어내는 비결은 의지력이나 그만두고 싶은 충동을 잘 억제하는 힘이 아니라 그 문제를 풀어내는 것이 가치 있다고 판단한 의사결정 메커니즘이라는 것입니다. 문제를 푸는 데 들어가는 노력에 비해 이후 얻게 될 심리적·물리적 보상을 더 크게 평가했다는 얘기지요. 더불어 동기가 충분히 강했거나 환경이 잘 설정되어 있거나 자원을 적절하게 갖췄다고 설명할 수도 있습니다.

노력도 선택이다

이 관점에 따르면 인지적 노력은 고통을 동반하거나 부정적 감정을 일으키므로 제한적으로 사용됩니다. 우리 뇌가 그때그때 들어가는 비용과 예상되는 보상을 계산해서 필요한 곳에 필요한 만큼만 인지적 노력을 할당하는 것이죠. 인지제어를 할 때 쓰는 힘에 비해 얻는 것이 별로 없다고 판단되면 인지제어를 하지 않는다는 얘기와도 같습니다. 다이어트를 예로 들어볼까요? 한 달간 체중 감량을 위해 고열량 음식을 먹지 않겠다고 결심한 사람이 회사에서 가장 친한 동료와 말다툼을 하고 집으로 돌아와 치킨 한 마리를 몽땅 먹어치웠습니다. 지난 열흘 동안 지켜온 자신과의 약속을 어겨 실망스러웠지만, 기분전환이 필요했으니 어쩔 수 없었죠. 자기조절의 실패일까요? 충동성이 강한 탓일까요? 의지력이 약한 걸까요? 모두 아닙니다. 심리학적으로 설명해보겠습니다.

지난 열흘 동안 그 사람은 금지한 간식에 주의가 쏠리지 않고 열량이 적은 식사를 할 수 있도록 인지제어에 성공했습니다. 그런데 갑자기 스트레스라는 돌발 사건이 발생했죠. 우리 몸의 관점에서 보면 그 순간 체중감량보다 스트레스 해소 또는 부정적 감정의 완화가 더 긴급과제가 되었습니다. 우선순위가 바뀐 거예요. 그래서 치킨이 주는 위안을 즉각적 보상으로 선택하고 인지제어에 드는 비용을 아꼈습니다. 물론 지난 열흘 동안 성공적으로 다이어트를 해왔다는 자신감이 무장해제에 한몫했을 것입니다. 이번 일탈로 자신의 규칙이 무너지지는 않으리라는 믿음이 있었지요. 아니나 다를까 그 사람은 자기 예측대로 다시 다이어트를 지속할 수 있었습니다. 이런 시각으로 보면 자기조절의 경험도 성공과 실패라는 단순한 흑백논리가 아니라 가치에 따른 선택이라는 맥락에서 다양하게 해석됩니다.

자기통제의 본질: 대결이 아니라 협상이다

사람들은 자기조절이나 자기통제self control를 감정, 충동, 순간적 욕망 같은 뜨거운 프로세스와 이성 및 숙고로 대표되는 차가운 프로세스 사이의 갈등과 전투로 여깁니다. 악마의 속삭임에 넘어가지 않고 유혹을 이겨내면 자기조절에 성공한 것처럼 여기지요. 서구에서 유래한 이 이분법적 관점의 역사는 2천 년도 더 됩니다. 플라톤의 《파이드로스Phaedrus》에는 마차를 끄는 말 두 마리의 비유가 등장하지요. 하나는 계획적이고 이성적인 말, 다른 하나는 충동적이고 감정적인 말입니다. 마부는 충동적인 말을 최대한 억제하고 이성적인 말의 힘을 키워서 목적지까지 마차를 모는 데 성공해야 합니다. 이러한 흑백논리는 심리학 연구에서도 오랜 전통으로 이어져왔습니다.

대니얼 카너먼Daniel Kahneman은 인간의 사고 체계를 시스템 1과 시스템 2[6]로 분류합니다. 시스템 1은 빠르고 반응적이며 충동적인 프로세스이고 시스템 2는 느리고 신중하며 반성적인 프로세스입니다. 시스템 2는 대개 바람직한 장기 목표를 염두에 두는 한편, 시스템 1은 즉각적 생존과 직결되어 있다 보니 이 둘은 종종 충돌하는 것처럼 보입니다.[7] 심리학자들은 이렇게 두 시스템이 경쟁하는 상황에서 장기 목표를 위해 단기적 보상이나 즐거움 또는 충동을 억제하는 것이 자기통제의 본질인 것처럼 설명해왔습니다.[8]

하지만 현대의 심리학자들과 신경경제학자들은 신경과학의 근거들을 토대로 이러한 이분법적 관점에 강하게 의문을 제기합니다. 우리 안에서 일어나는 자기통제가 그런 선과 악의 대결이 아니라, 하나로 수렴되는 가치기반 선택 프로세스라고 설명하지요.[9]

다시 말해 단순히 단기적 욕망을 참거나 이겨내는 문제가 아니라 "내적 자아들 간의 협상"이라는 관점으로 바라봐야 한다는 주장입니다.[10] 초점 목표와 일치하는 행동과 일치하지 않는 대안이 충돌할 때 전자를 '선택하는' 프로세스로 이해해야 한다는 것이지요. 우리는 다양한 이득(예: 돈, 사회적 지위, 사람들의 인정과 칭찬)과 비용(예: 노력, 기회비용)을 통합해서 각 선택지에 따른 객관적 가치를 주관적 가치로 변환하면서 자신에게 가장 가치 있는 선택을 합니다. 이처럼 자신의 가치에 따라 선택하고, 선택한 것에 노력과 같은 자원을 할당하는 역동적인 통합 과정을 거쳐 결정과 실행이 이루어집니다. 모두가 제한된 여건 안에서 최적의 선택을 통해 최선의 적응을 하는 것이죠.

널리 알려진 예를 통해 살펴보겠습니다. '마시멜로 테스트'[11]를 기억하시나요? 더 큰 보상을 위해 눈앞의 욕망을 참은 아이들은 성장해서 더 좋은 성적으로 좋은 대학에 입학하고 돈도 더 많이 벌었으며 건강하고 행복하게 살았다는 신화와 같은 실험 연구가 있었지요. 많은 책이 이 실험 결과를 인용하면서 자제력과 의지의 힘을 강조했죠. 하지만 너무 단순한 실험 설계였고, 관련된 다른 변수들을 고려하지 않았기 때문에 심리학자들 사이에서 격렬한 논쟁과 비판을 불러일으키기도 했습니다.

시점 간 선택의 심리학

'지금 하나를 받을까, 일주일 뒤에 두 개를 받을까'와 같이 현재와 미래 사이의 보상을 비교해보면서 선택하는 것을 시간 간 또는 시점 간 선택intertemporal choice이라고 합니다. 사람들은 대개 나중에 더 많이 받는 것보다 적더라도 지금 당장 보상받는 것을 좋아하기 때문에[12] 종종 비합리적 선택이나 목표에 어긋나는 행동을 합니다. 과거의 심리학자들은 장기 목표를 위해 단기 보상을 잘 참고 충동을 억제하면 자기조절 능력이 높다고 이해했습니다. 하지만 근래에는 이런 관점에 동의하지 않는 학자가 많습니다. 앞에서도 얘기했듯 자기조절은 그렇게 단순한 프로세스가 아니거든요. 나중에 더 큰 보상을 받기 위해 상대적으로 작은 눈앞의 보상을 참는다고 해서 자기통제가 잘된다거나 자기조절 능력이 높다고 해석할 수 없습니다. 주관적 가치평가의 프로세스로 이해해야 하지요.[13] 개인의 특성이나 동기 수준에 따라서도 차이가 나지만 맥락이나 상황, 프레임에 따라서도 달라집니다. 예를 들어 더 큰 보상을 준다 해도 나중에 받을 수 있다는 확신이 없다면 작더라도 당장의 보상을 선택하는 것이 합리적이지요.[14] 어린아이들도 마찬가지예요. 일례로 실험자가 의도적으로 신뢰를 떨어뜨리기 위해 마시멜로 테스트를 앞두고 아이들과의 약속을 어겼을 때, 3~5세 아이들이 마시멜로를 즉각 먹지 않고 기다리는 시간은 평균 12분에서 3분으로 떨어졌습니다.[15]

선택지가 제시되는 방식에 따라서도 결정은 달라질 수 있어요. 한 연구에서 실험 참가자들에게 5만 원과 7만 원 중 무엇을 받을지 물어보았습니다. 그림 1과 같이 "오늘 5만 원을 받으시겠습니까, 아니면 두 달 뒤에 7만 원을 받으시겠습니까?"라고 제안했을 때 사람들은 대부분 '오늘 5만 원 받기'를 선호했지요.

**오늘
5만 원
받기**

**두 달 뒤
7만 원
받기**

그림 1 | 어느 쪽을 택하겠습니까?

하지만 그림 2에서처럼, "오늘 5만 원, 두 달 뒤에 0원을 받으시겠습니까, 아니면 두 달 뒤에 7만 원, 오늘 0원을 받으시겠습니까?"와 같이 '0원'을 명확히 제시했더니 더 많은 사람이 후자를 선택했습니다.[16] 정반대의 결과가 나왔죠? 연구자들은 '지금은 있지만, 나중에는 없음'과 '지금은 없지만, 나중에는 있음'으로 대비해서 재구성하면 미래 가치를 깎아내리는 비율(할인율)이 감소하여, 나중에 더 많은 돈을 받을 기회를 놓치지 않으려는 경향이 높아진다고 설명합니다.

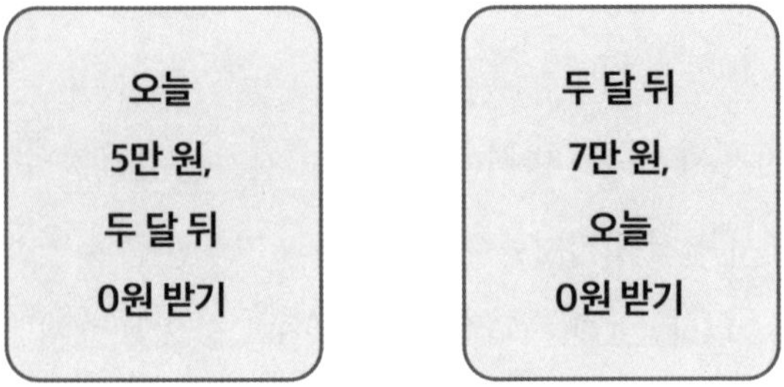

오늘
5만 원,
두 달 뒤
0원 받기

두 달 뒤
7만 원,
오늘
0원 받기

그림 2 | 어느 쪽을 택하겠습니까?

이렇게 제시 방식에 따라 달라지는 선택 효과를 앞서 살펴본 심리대조와 결합해 변형하면 그림 3처럼 응용할 수 있습니다. 지금 내가 선택할 수 있는 행동 a와 b가 있을 때, 그 행동으로 예상되는 결과 A, B를 함께 대비해서 생생하게 떠올리는 것입니다. 단순히 a(운동 건너뛰고 누워서 TV 보기)를 억지로 참고 b(운동)를 하자가 아니라, 지금 a를 하면 미래에 A(후회)는 있지만 B(탄탄하고 건강한 몸)가 없고, 지금 b를 하면 미래에 B(탄탄하고 건강한 몸)가 있고 A(후회)는 없다, 이런 식으로 지금 무엇이 있고 없는지, 나중에 무엇이 있고 없는지를 명확히 대비하면 자신이 추구하는 목표나 가치가 더 선명하게 드러납니다. 이와 더불어 다가올 미래의 기분이나 나의 상태, 경험까지 추측해봄으로써 미래자기와 더 깊이 연결됩니다. 이렇게 지금의 나와 미래의 나를 동시에 염두에 두면서 꼭 필요한 곳에 자원을 쓸 가능성이 커집니다.

운동 건너뛰고 누워서 TV 볼까?	운동을 할까?
이후 경험: 계획대로 하지 않은 것에 대한 찜찜함과 후회	이후 경험: 탄탄하고 건강한 몸에 한발 더 다가선 뿌듯함

그림 3 | 어느 쪽을 택하겠습니까?

저울질의 최적점

뇌는 비용에 민감해서 어떤 일에 노력하고, 어떤 일에는 노력하지 않을지 시시각각 비용 대비 효과를 고려해 자원을 할당합니다. 그렇다면 자원의 할당은 어디서 어떻게 이루어지는 것일까요?

우리 뇌는 끊임없이 변화하는 환경에서 짧은 시간 안에 많은 결정을 내려야 하는데, 매번 최적의 결정을 하기는 어렵습니다. 정보도 충분하지 않고 역량도 부족하죠. 학자들은 이를 '제한된 최적성 bounded optimality'[17]이라고 부릅니다. 한꺼번에 다양한 정보를 처리하는 역량에 한계가 있으므로, 무언가를 처리하는 데 집중하다 보면 필연적으로 다른 중요한 것들을 놓칠 수밖에 없어요.[18] 따라서 정해진 시간 안에 수많은 자극과 정보 중에서 무엇을 선택할지 결정해야 하고, 하나를 선택하면 다른 것들은 반드시 포기해야 하는 상황에 놓입니다. 숙고하고 결정하는 데 얼마만큼의 시간과 노력을 들일지, 들어갈 비용과 잠재적 이점을 놓고 끊임없이 저울질을 할 것 같지만, 각 결정에 쓸 수 있는 최적의 주의력은 대개 생각보다 매우 적습니다.[19]

우리가 어떤 과제를 하거나 시험 볼 때를 떠올려보세요. 끝없이 완성도를 높이면서 제출 마감 기한을 넘기는 것이 현명할까요? 시험 종료 시간이 다가오는데도 실수하지 않겠다고 문제를 글자 하나 빠트리지 않고 읽어보면서 답안지 작성을 미뤄도 괜찮을까요? 대다수 사람은 비용을 따져서 완벽하게 답안지를 채우는 것과 제때 끝내는 것 사이 어디쯤에서 과제를 완성할 것입니다. 이때 비용에는 직접 쓴 시간과 에너지 등의 자원은 물론, 그 선택의 결과로 포기한 것에 따른 기회비용도 포함됩니다.

제어 예상가치 이론

인간의 행동을 좌우하는 프로세스는 자동에서부터 제어에 이르기까지 하나의 연속선상에 놓여 있습니다. 거의 의식하지 못하는 사이에 문을 열고 엘리베이터를 타고 익숙한 장소로 들어가거나, 오늘 약을 먹었는지 안 먹었는지 잠시 생각해야 할 만큼 자동으로 이루어지는 행동들이 있습니다. 반면 영어로 쓰인 설명서를 보면서 뭔가를 조립하거나 이 책을 읽는 것처럼 인지제어가 필요한 행동도 있지요.

일상적으로 하는 행동들은 주의 집중이 크게 필요하지 않습니다. 매일 반복되는 행동을 이루는 프로세스는 대개 정형화되어 있고 노력을 거의 들이지 않고도 자동으로 나오는 반응이어서 효율적이지만 융통성은 없습니다. 쉽고 빠르지만 어떤 것은 하고 어떤 것은 하지 않을지 내가 고르기가 어렵다는 얘기죠.

반면 정반대 특성을 갖는 행동이 있지요. 고르고 제어할 수 있으니 융통성은 높은데 시간이 더 걸리고, 힘이 들고, 다른 것들로부터 방해받기 쉬운 행동들입니다.

예를 들어 시험에 합격하기 위해 공부하는 것은 TV 시청보다 힘들게 느껴집니다. 소음이나 핸드폰 진동 등 다른 자극에 방해받기도 쉽죠. 하지만 자동 행동만으로는 공부가 이루어지지 않기 때문에 우리는 여러 가지 방식과 전략을 동원해 집중력을 유지하려고 애씁니다. 심리학자들은 이러한 행동 제어 프로세스가 어떻게 일어나는지 설명하기 위해 다양한 모델을 고안해왔습니다. 신경과 학적 근거들로 뒷받침되어 최근에 가장 주목받고 있는 제어 예상 가치 이론expected value of control theory을 살펴보겠습니다.

브라운대학교의 심리학자 아미타이 션하브Amitai Shenhav가 주창한 제어 예상가치 이론은 우리 뇌가 무언가를 제어 또는 통제하는 원리를 명쾌하게 설명합니다. 이 이론에 따르면 인지적 노력이 필요하다는 신호, 곧 제어 신호는 두 가지 차원에서 결정됩니다.[20] 첫째는 대상, 곧 '무엇을 제어할 것인지'입니다. 둘째는 강도, 곧 '얼마나 강하게 제어해야 하는지'입니다. 핸드폰을 보며 걷다가 바로 앞에서 자동차가 끼익 급정거하는 소리가 들리면 우리는 바로 핸드폰에서 시선을 들어 자동차 쪽을 살피겠죠. 인지제어가 일어나는 순간입니다. 핸드폰에서 자동차로 대상이 바뀌는 움직임처럼 거의 반사적이고 자동적 수준으로 일어나는 행동은 강도 높은 제어가 필요하지 않습니다.

하지만 만약 그때 운전을 하면서 지나가고 있었다면 한가로이 바라볼 수만은 없는 상황이죠. 급정거한 차 때문에 연쇄 사고가 일어나지 않도록 운전에 더 집중해야 합니다. 핸드폰을 보며 걷던 사람보다 운전자에게서 더 강도 높은 인지제어가 일어납니다. 제어 신호의 강도를 높게 또는 낮게 조정하는 것은 보상을 얻을 가능성과 손해를 피할 가능성, 때에 따라서는 둘 다에 영향을 끼칩니다.

또 얼마나 오래 제어를 유지해야 하는지 효율을 계산해 꼭 필요한 시간만 할당합니다.

제어를 무엇에 얼마나 할당할 것인지 선택하려면 제어 할당의 이점뿐 아니라 비용도 고려해야겠죠. 제어 예상가치 이론은 우리 뇌가 제어 할당에 드는 비용을 '노력'으로 인식한다고 설명합니다.[21] 사람들은 최대한 노력을 피하고 덜 어려운 작업을 선호하지만, 필요하다고 판단한 경우에는 더 어려운 작업을 선택해 많은 인지적 노력을 기울이기도 합니다.[22] 예상 이득과 비용에 따라 가치를 따지면서 제어를 할당하기 때문입니다. 우리 뇌는 이처럼 실시간으로 '예상되는 가치'를 극대화할 수 있도록 제어 신호를 배치함으로써 인지제어를 최적으로 할당합니다.

제어 예상가치 이론은 두 가지 중요한 사실을 일깨워줍니다. 사람이 수행하기로 선택한 인지 작업에 항상 최대한의 노력을 투자하지는 않는다는 것, 그리고 지속적으로 비용-이득을 분석해서 가치 있다고 판단될 때에만 인지제어를 할당한다는 것이지요.

제어 할당과 집행의 뇌과학

인지제어 할당을 중재하는 신경회로는 제어가 실시간으로 제대로 할당되도록 어떤 행위를 했을 때의 잠재적 보상(또는 하지 않았을 때의 잠재적 손해)과 발생하는 비용을 민감하게 파악해야 합니다. 이 신경회로에 문제가 생겨 활성화되지 못한다면 동기가 저하되는 문제가 일어나겠죠.

신경세포 수백억 개가 서로 얽혀 있는 우리 대뇌에는 인지적 노력이 필요할 때마다 척척 연결되어 기능하는 광범위한 네트워크가 있습니다. 여기에는 배측 전대상피질dorsal anterior cingulate cortex, 전방 섬엽anterior insula, 외측 전전두피질lateral prefrontal cortex, 외측 두정피질lateral parietal cortex이 포함됩니다.[23] 이 영역들은 우리가 주의 집중을 유지해야 할 때, 단기간 집중적으로 정보를 기억해야 할 때, 습관처럼 익숙하고 자동적인 반응을 중단시켜야 할 때 더 활발히 움직입니다. 반면 습관화된 행동, 외부에서 지시받은 행동을 할 때는 덜 관여합니다.

지금까지의 신경과학적 근거들에 따르면, 잠재적 결과에 대한 비용과 가치를 보여주고 제어로 예상되는 가치를 극대화하기 위해 제어의 종류와 양을 결정하고 할당하는 역할을 하는 것은 배측 전대상피질입니다.[24] 그리고 배측 전대상피질로부터 명시화된 제어 신호를 받아 그에 따른 제어를 실행하는 것은 외측 전전두피질입니다.[25] 배측 전대상피질과 마찬가지로 외측 전전두피질에서도 인지적 노력을 피하려는 경향[26]과 인지적 피로와 관련된 신호들이 발견됩니다.[27]

도파민과 '원트'

인지적 노력 또는 인지제어를 관장하는 피질 회로를 이해하려면 먼저 중뇌midbrain에 자리한 도파민 시스템의 중심 역할을 알아야 합니다.[28]

　오랫동안 도파민은 '쾌감'의 물질이라는 오해를 받아왔죠. 1980년대만 해도 과학자들은 우리가 무언가를 좋아하니까 원하게 되고, 원함을 매개하는 것은 도파민이니까 도파민을 억제하면 더는 쾌감을 느끼지 못할 것이라고 예상했습니다. 그래서 미시간대학교의 심리학자 켄트 베리지Kent Berridge 연구팀은 좋아하던 설탕에 대한 쾌감 반응이 사라질 거라는 가설을 세우고 실험용 쥐들의 뇌에서 도파민을 제거해봤습니다.[29] 쥐, 원숭이, 신생아를 대상으로 하는 실험에서 쾌/불쾌의 수준은 특유의 표정과 입술의 움직임, 손짓 발짓을 포함한 몸짓 등으로 측정합니다. 그런데 도파민이 제거된 쥐들은 놀랍게도 설탕에 대해 이전과 똑같은 수준의 쾌감 반응을 보였습니다. 변화는 다른 데서 나타났지요. 쥐들은 모든 동기가 사라진 것처럼 보였습니다. 좋아하던 먹이를 찾지 않았고, 입에 넣어주어도 씹지도 삼키지도 않았습니다.

　'쾌감'의 반응은 그대로인데 '원하지는 않는' 이상한 결과 앞에서 연구자들은 당혹감을 감추지 못했습니다. 그 이유를 알아보기 위해 이후 몇 년간 후속 연구들이 이루어졌지요. 그 결과 도파민 경로 중 하나인 중뇌 변연계mesolimbic pathway는 '원트Want'를 매개하지 '쾌감'을 일으키지는 않는다는 사실이 밝혀졌습니다(여기서 '원트'란 우리가 일상적으로 '원한다'고 느끼는 의식하는 욕망도, 생리적 필요에 의한 것도 아니므로 '원함' '욕구' 등과 구별되는 작용입니다. 이 주제를 연구하는 외국 학자들은 대문자 W를 써서 일상적 want와 구분합니다). 쥐들의 중뇌 변연계에 전극을 꽂아 도파민 수준을 높이자 음식을 먹으려고 달려드는 쥐들의 '원트'는 네 배 이상 증가했는데도, '쾌감'의 반응은 전혀 높아지지 않았습니다.[30] 인간도 마찬가지였지요. 전혀 좋아하지 않아도 '원하도록' 만들 수 있었습니다.[31] 충격적인 결과였지요. 그리고 이 발견은 인간이 특정 자극이나 물질에 중독되어 헤어나오기 어려운 메커니즘을 설명할 때 매우 중요한 근거가 됩니다. 쾌감을 전혀 느끼지 못해도, 심지어 고통과 불쾌감만 느끼더라도 중독될 수 있습니다. '원트'는 좋아해서 원하는 게 아닙니다. 도파민계가 매개하는 '원트'는 인지적 욕망과 반대로 일어나거나, 심지어 인지적 욕망이 전혀 없는데도 무의식적으로 발생할 수 있습니다.

도파민, 의욕, 노력

'원트'의 특성은 중독에서 겨우 벗어난 사람이 다시 재발을 겪게 되는 메커니즘을 보면 더 잘 이해할 수 있습니다. 10년 이상 담배를 끊고 모든 금단증상을 이겨낸 사람이 있다고 해볼게요. 그간의 과정이 너무 지긋지긋해서 '담배' 소리만 들어도 정이 떨어질 정도로 인지적으로는 완전히 금연하려는 진정한 바람을 갖고 있습니다. 하지만 이 경우에도 담배와 연관된 단서나 이미지를 보면 자신도 모르게 '원트'가 일어나 중독이 재발하기도 합니다. 의지 부족의 문제도 아니고 지식이나 정보 부족의 문제는 더더욱 아니지요.

'원트'는 알아차리기 어려울 정도의 짧은 순간에 일어나는 식역하識閾下 자극, 다른 말로 서브리미널subliminal 자극으로 촉발될 수 있습니다. 따라서 '원트'를 일으키는 단서도, 그로 인해 일어난 동기도 알아차리지 못할 수 있습니다. 이런 경우에는 동기가 증가되어 행동으로 드러나더라도(자신도 모르는 사이에 타인의 담배에 손이 가더라도!), 주관적으로 아무런 변화를 감지하지 못할 수 있습니다('내가 왜 이걸 들고 있지?').[32] 특히 스트레스가 많은 상태나 복권 당첨과 같이 너무 기쁜 일이 갑자기 일어나 흥분할 경우, 과거의 중독이 재발할 수 있어요.[33] 중독의 본질은 여기에 있습니다. 중독은 쾌락의 문제가 아닙니다. 의지의 문제나 금단의 문제도 아니지요. 물론 처음에는 좋아서 시작할 수 있습니다. 그러다가 자극에 무뎌지면서 점점 더 양을 늘리다가 뇌 신경에 변형이 일어나 돌이키기 어렵게 되기도 하고요. 금단증상 때문에 치료가 어려운 것도 사실입니다. 하지만 중독과 관련된 이 모든 현상이 본질은 아닙니다. 중독은 근본적으로 도파민계의 활동, 무의식적 '원트'에 관한 문제입니다.

자극이나 새로운 것을 추구하는 경향은 사람마다 차이가 있습니다. 이런 경향이 높은 사람이 좋은 자질과 여건을 갖추고 자신을 성장시키는 경험을 많이 해왔다면 '원트'는 새로운 것을 배우고 익히는 열정으로 작용해서 더욱 발전하는 동력이 됩니다. 반면 유전자나 초기 양육 환경이 불리한 데다 정신적·물리적 학대 같은 파괴적인 경험을 많이 해온 사람에게 '원트'는 단순한 자극이나 위험 추구, 다양한 중독 행동을 일으키는 동력으로 작용할 수 있습니다.

요약하면 도파민은 쾌감, 즐거움, 기호와 관련 있는 게 아니라 동기, 의욕, 추구와 관련이 있습니다. 더 이상 쾌감을 주지 못하는데도 무조건 갈망하는 중독과 관련이 있는 물질이자, 우리를 끊임없이 움직이게 하는 '추구'의 물질입니다. 따라서 도파민계에 문제가 생기면 동기에 문제가 생깁니다.

피질, 특히 배측 전대상피질에서 일어나는 도파민의 작용은 인지적 노력이 필요한 행동에 참여하는 데 필수적입니다.[34] 중독과 반대로 도파민 수치가 감소하거나 측좌핵nucleus accumbens과 대상피질cingulate cortex을 연결하는 백질white matter에 손상이 일어나면, 더 큰 보상을 얻기 위해 노력하는 행동이 줄어듭니다. 도파민은 우리가 뭔가를 추구하는 행동, 활발한 반응과 관련이 있어서 도파민

회로에 문제가 생기면 동기가 저하되고 의욕을 상실합니다.[35] 노력할 의욕 자체가 너무 적거나 없으면 아무리 다른 영역들에서 인지 자원을 잘 할당하려고 준비해도 소용없겠지요. 동기가 우리의 인지적 노력과 제어에 어떤 영향을 끼치는지 신경학적 연구들이 축적된다면, 노력 대비 효과를 극대화하는 데 동기 메커니즘을 어떻게 활용해야 할지에 관한 실마리들도 차차 밝혀질 것입니다.[36]

게임화: 비용은 적게, 가치는 크게

지금까지 우리는 최적의 인지제어 할당이 어떻게 이루어지는지를 뇌과학적으로 조명해봤습니다. 그런데 아무리 인지 기능이 뛰어난 사람이라 해도 습관적 행동이나 충동, 근시안적 반응을 완전히 피할 수는 없으므로 이따금 목표에 어긋나는 행동을 합니다. 이런 행동이 반복되면 관계 문제나 건강 문제, 재정적 문제 등으로 이어질 수 있지요. 하지만 너무나 복잡한 환경에서 정보는 부정확하고, 우리가 쓸 수 있는 인지 자원과 시간은 제한되어 있기에 완벽한 결정과 실행이란 있을 수 없습니다. 때로는 뭐가 더 안전하고 뭐가 더 좋은지도 파악하기 힘들지요. 그럼 어떻게 해야 꾸준히 좋은 결정을 할 수 있을까요?

아무리 철저하게 인지적으로 분석해도 모든 것을 다 예측하고 계산할 수 없으니, 직관적으로 판단해도 더 나은 결정을 내릴 수 있도록 '환경을 재구축'하는 데 초점을 맞추자고 제안하는 학자들도 있습니다.[37] 자원은 한정되어 있고 숙고에는 비용이 드니, 숙고 없이도 좋은 결정을 할 수 있도록 환경을 설정해야 한다는 것이죠.

가장 쉽게 떠올릴 수 있는 전략은 '보상 주기'입니다. 우리가 노력이 덜 들어가는 자동적 반응이나 근시안적 의사결정을 하기가 쉽다는 사실은 바꿀 수 없습니다. 그렇다면 즉각적 보상을 노린 근시안적 행동으로도 목표를 달성하도록 설계하는 방법은 없을까요? 어떤 심리학자들은 게임화gamification 방식을 통해 가능하다고 제안합니다.[38] 공부나 운동, 다이어트처럼 적어도 1년 이상 노력이 필요한 장기 계획은 꾸준히 실행하기가 어려우니, 날마다 계획대로 실천하면 스스로에게 포인트나 배지 같은 보상을 지급하는 식이죠. 아이들이 숙제할 때마다 스티커를 붙여주듯 말이지요. 그러면 굳이 먼 목표를 상기하지 않더라도 지금 받는 포인트나 배지를 통해 재미까지 느끼면서 바람직한 실행을 촉진할 수 있고, 이는 결국 목표 달성으로 이어진다는 설명입니다.

누구나 한두 번쯤은 경험해봤을 이런 방식은 보상에 무뎌지지만 않는다면 제법 효과가 있습니다. 하지만 아이들이 스티커로 만족하지 못하는 시기가 오면 돈이나 선물 같은 다른 보상물로 대체해야 하듯, 물리적 보상은 효과가 오래가지 못한다는 한계가 있습니다. 그렇지만 장기 목표를 쪼개 단기간에 특정 목표를 달성하는

1부 | 후회를 줄이는 예측

방식으로 잘 설계한다면 써볼 만한 방법입니다. 좋은 습관을 형성하는 초기에 잠깐 활용하기에도 좋은 방법이지요. '단기 보상을 위한 행동을 장기 목표를 위한 행동과 일치시킨다'는 원리만 잘 적용한다면, 어떤 방법을 쓰든 목표 달성에 꽤 효과적일 테니까요.

자기조절이란 한정된 자원을 더 가치 있는 곳에 쓰기 위해 선택하고 결정하고 실행하는 프로세스입니다. 적은 비용으로 효과를 극대화하는 일이죠. 다음 장에서 상세히 살펴보겠지만, 자기조절을 잘하는 사람은 원하는 것을 이루기 위해 원치 않는 것을 오래 참는 사람이 아니라, 참을 필요가 없도록 사전에 잘 대처하는 사람입니다. 다시 말해 원치 않는 자극으로부터 주의를 돌리는 데 능숙하거나 보조 장치들로 환경을 설정하는 사람입니다. 이제 그 구체적인 방법과 전략들에 대해 알아봅니다.

많은 이가 단순히 바빠서 힘든 것이 아니라 그 많은 노력이 무의미하게 느껴져서 힘들어합니다. 우리에게는 파편화된 자아들을 통합하는 작업이 필요합니다. 과거의 나와 미래의 나를 연결해서 살아가는 것입니다. 여기까지 데려다준 과거의 의미를 이해하고 현재에서 미래를 발견하는 과정을 통해 삶의 의미와 목적, 방향성이 자연스레 나오지요.

2부에서는 이처럼 의미와 방향을 발견하고 미래의 나를 구하기 위해 흔들림 없이 꾸준히 실행할 수 있는 방법들에 대해 알아보겠습니다.

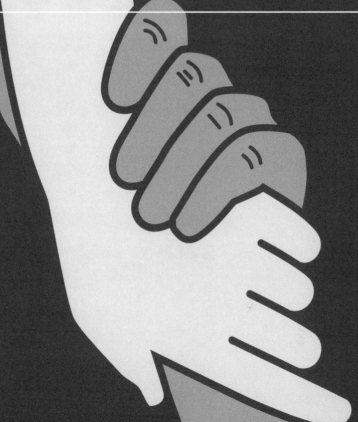

FUTURE SELF

2부 | 실행력을 높이는 예측

FUTURE
SELF

5장
자동으로 이루어지도록
습관 설계

습관 설계의 핵심은 불필요한 싸움을 하지 않도록
환경을 설정하는 '선제적 자기조절'에 있습니다.

습관은 심리학, 철학, 자기계발 책들에서 끊임없이 강조해와서 사람들이 잘 안다고 생각하죠. 책까지 갈 것도 없습니다. 집, 학교, 회사에서도 일상적으로 하는 얘기죠. "독서 습관이 아직 안 잡혀서······" "운동하는 습관을 들이기가 어려워요" "새해에는 일찍 자고 일찍 일어나는 습관을 좀 만들어야지" 등 뭔가를 계획할 때마다 등장하는 말이 습관입니다.

의지 부족이 아니라 설계 결함입니다

습관에 관한 정보는 정말 많은데 자기 습관을 자유자재로 다루는 사람은 의외로 별로 없습니다. 자신에게 불리한 습관을 폐기하고 유리한 습관을 몸에 붙이는 사람도 드물죠. 의지 부족일까요? 머리가 나빠서일까요? 결론부터 말씀드리면 '설계 결함'입니다. 원리를 잘 이해하고 자신에게 맞도록 정교하게 설계한다면 습관을 바꾸는 일은 전혀 어렵지 않습니다. 시간이 좀 필요할 뿐입니다. '자기이해'가 부족하면 습관을 변화시키기가 어렵습니다. 왜 그런지

들여다보죠.

우리가 어떤 행위를 처음으로 하려면 계획이 필요합니다. 처음에는 아주 간단한 행위더라도 그쪽으로 주의를 두고 계획을 합니다. 자전거를 처음 탈 때, 피아노를 처음 칠 때, 운전을 처음 할 때를 떠올려보세요. 회사에 처음 출근하는 날, 사무실을 찾아 정해진 자리까지 걸어가는 상황을 상상해보세요. 이전에 해보지 않았던 행동을 할 때면 머리를 많이 쓰게 됩니다. 하지만 큰 변화 없이 비교적 일관된 환경에서는 어느새 더는 주의를 기울이거나 생각하지 않아도 행동할 수 있습니다. 정신을 차려보니 회사에 도착해 있고, 딴생각을 하면서도 무난하게 운전할 수 있습니다. 나의 행동을 제어하는 주체가 '내 생각'에서 '환경 신호'로 옮겨가기 때문입니다. 굳이 계획하거나 의식하지 않아도 주변 환경에서 들어오는 신호를 받아 자동반응이 활성화되는 것이 바로 '습관'입니다.

그래서 습관은 잘 바뀌지 않습니다. 뇌가 효율적으로 처리하는 '자동반응'이기 때문에 의식적 '목표'보다는 내가 처한 '맥락'의 영향을 더 많이 받습니다. '예쁘게 말해야지'라고 생각하다가도 평소 쓰던 거친 말버릇이 툭 튀어나가고, '몸에 좋은 음식을 먹어야지'라고 결심하고도 단골 분식집을 지나치지 못하고 떡볶이와 튀김을 잔뜩 사 가지고 오기도 합니다. 동영상을 볼 시간에 차라리 운동하자고 결심했지만 퇴근해서 노곤하다 싶으면 익숙한 자세로 늘어지곤 합니다.

골칫거리에서 똑똑한 시스템으로

과거에는 심리학에서도 '습관'을 그저 '극복해야 할 문제'로 인식하는 분위기가 지배적이었습니다. 목표 실행을 방해하는 골칫거리, 장애물 정도로 여겨졌지요. 인간의 이성, 의식, 인지능력을 과대평가하던 서양 학문의 풍조가 심리학에도 지배적인 영향을 끼쳤으니까요. 그런데 근래 들어 습관을 바라보는 관점이 상당히 바뀌었습니다. 인간의 인지능력에 대한 신경과학 연구가 본격화하면서 우리가 한 번에 처리할 수 있는 정보의 양과 속도, 수준과 차원에 대한 이해가 넓어졌죠. 달라진 인식을 요약하자면 이렇습니다. '인지적 노력을 들이지 않고 자동으로 행동함으로써 그때그때 꼭 필요한 작업에만 머리를 쓰도록 도와주는 것'이 습관입니다. 우리가 복잡하고 험난한 환경에서 적응하고 살아남을 수 있었던 것도 먹고 자고 말하고 움직이는 것과 관련된 여러 습관 덕분이죠. 물론 습관은 양날의 칼입니다. 잘 다루면 많은 것을 척척 해결해주는 만능 도구가 되지만, 잘 다루지 못하면 거꾸로 습관의 노예가 되기도 하지요.

그렇다면 결국 습관을 최적으로 설계해서 제대로 이용하는 것이 관건입니다. 바람직한 습관을 새롭게 익히고 원치 않는 습관을 폐기해야겠지요. 자신이 원하는 것, 해내고 싶은 것, 삶에서 중요하게 생각하는 가치와 목표들을 이루기 위해 습관이 잘 기능하도록 점검하고 조율하는 작업이 필요합니다. 먼저 습관의 신경생물학을 간단히 살펴보고 습관의 특성과 형성 원리를 알아볼 것입니다. 그런 다음 단계별 전략을 통해 좋은 습관을 새롭게 익히고 오래된 나쁜 습관을 버리는 방법에 대해 알아보려고 합니다.

습관의 신경생물학

습관적 행동이 일어날 때 뇌에서는 어느 부위가 활성화될까요? 습관을 기억하고 지속시키는 뇌 영역은 어디일까요? 우리가 의식해서 의도적으로 하는 행동과 완전히 다른 뇌 영역이 관여하는 것일까요? 과거의 심리학자들은 습관적 행동과 목표 지향적 행동이 아예 다른 경로로 일어나거나 서로 배치된다고 보았습니다.[1] 하지만 최근의 과학적 증거들은 여러 뇌 영역이 목표 지향적 행동과 습관적 행동 모두에 관여한다는 사실을 보여줍니다.[2]

　습관을 학습하고 수행하는 핵심 역할은 감각운동sensorimotor 피질-기저핵 루프가 맡는다고 요약할 수 있습니다. 우리의 습관적 행동과 목표 지향적 행동은 모두 뇌 피질 영역과 피질하 핵의 집합체인 기저핵basal ganglia을 연결하는 신경회로가 매개하는 것으로 보입니다.

　이 회로는 해부학적으로 분리된 별개의 루프들로 이루어져 있습니다. 이 중 피질-기저핵 루프는 작업기억working memory(정보를 일시적으로 보유하고 각종 인지 과정을 계획하고 순서를 지어 실행하는 일종의 작업장) 기능과 목표 지향적 행동을 지원하고, 전전 두피질을 선조체striatum의 기저핵 영역과 연결합니다. 한편 자동적이고 습관적인 행동과 관련이 있는 감각운동 루프는 체성감각 피질과 운동 피질을 조가비핵putamen의 내측 및 후측으로 연결합니다. 이 두 루프는 해부학적으로 분리되어 있지만, 도파민 작용성 연결 등을 통해 상호작용합니다.[3]

손가락으로 레버를 누르는 것처럼 간단한 움직임을 며칠 또는 몇 주간 반복 연습하면 전전두피질이나 전대상피질과 같은 목표 지향적 제어와 관련된 영역의 활성도가 감소하는 반면, 조가비핵 같은 감각운동 네트워크에서의 신경 활동은 증가하는 것이 관찰됩니다.[4] 쉽게 말하면 목표를 점점 덜 떠올려도, 곧 인지적 노력을 덜 들여도 습관 행동을 반복할 수 있게 되는 것이죠.

습관이 형성되는 과정에서 가장 핵심 역할을 하는 것은 감각운동 루프입니다. 앞에서 언급했듯 '추구'의 물질인 도파민이 배측 선조체dorsal stratium로 더 많이 투사될수록 그 습관을 습득하려는 동기가 더 높아지죠.[5] 이 밖에 편도체 중심핵amygdala central nucleus과 내측 전전두피질medial PFC region도 습관 형성과 직접적 관련이 있는 것으로 알려져 있습니다.[6]

그렇다면 이렇게 습득된 습관의 지속에 관여하는 부위는 어디일까요? 일단 학습된 습관적 행동은 피질 영역에서 통합되므로[7] 일시적으로 감각운동 루프가 방해를 받더라도, 곧 한두 번 그 행동을 거르더라도 습관의 효과는 지속됩니다.[8] 한편 기저핵이 습관의 장기적 유지에도 관여하는지는 현재 논쟁거리입니다.

여기까지가 습관의 신경생물학이었습니다. 그럼 이제부터는 습관을 만들고 싶은 나에게 실질적인 도움을 줄 수 있는 내용들을 만나보시죠.

습관은 무엇이며 어떻게 형성되는가

지난 30년간 습관을 주제로 한 연구가 급증함에 따라 심리학계에서는 습관을 어떻게 정의하고 측정할 것인가를 둘러싸고 많은 논쟁이 있었습니다. 무엇에 중점을 두는지에 따라 연구자마다 조금씩 차이가 있기는 하지만 '하나의 상황과 하나의 행위 사이의 연합이 점차 강화되면서 습관이 습득된다'는 사실에는 대체로 동의합니다. 다시 말해 일관된 맥락에서 반복된 행동은 특정 상황에서 특정 행동이 수행되도록 하는 자동성을 증가시킨다[9]는 것이죠. 이렇게 자동성을 확보한 행동들은 효율적이고, 잘 의식하지 못하며, 비의도적이고, 통제가 어렵다는 네 가지 특성이 있습니다.[10] 습관은 이 네 가지 특성 전부를 나타내기도 하지만 한두 가지 특성만 보이는 습관도 있습니다.

자, 여기서 질문을 하나 해보겠습니다. '자주 하는 행동'은 모두 습관일까요?

과거에는 심리학 연구에서도 그 행동을 얼마나 자주 했는지, 행동의 빈도를 평가해 습관을 측정했습니다.[11] 하지만 모든 반복 행동이 습관이 되지는 않습니다. 그렇다면 습관이 형성되기 위한 요건으로는 무엇이 있을까요? 우선 반복 그 자체보다는 어떤 상황에서 어떤 행위가 반복되었는지, 곧 상황(맥락)과 행위 사이의 연합이 핵심입니다. 또 습관이 되려면 자동성이 필요합니다. 자동성은 의식 수준에서 포착 가능할 때도 있지만, 알아차리기 힘든 신경 반응이나 행동 반응까지 포함하므로 생각보다 광범위한 개념입니다.

또 하나, 단순하고 쉬운 행동에 비해 복잡하고 어려운 행동일수록 습관이 되기 어렵습니다. 먹거나 마시는 행위보다 운동이나 독서가 습관으로 자리잡기 어려운 것은 '생각을 해야' 하기 때문입니다. 생각이 들어간다는 것은 그만큼 자동성이 저하된다는 뜻입니다.[12] 따라서 난이도가 높거나 복잡한 행동을 습관으로 정착시키려면 더 오랜 기간 반복해야 합니다.

일상에서 습관이 어떻게 형성되는지 알아보는 한 연구에서는 지원자 96명을 대상으로 건강한 식습관과 운동 중 무엇을 새로운 습관으로 만들고 싶은지 정하게 했습니다.[13] 실험 참가자들은 날마다 일지를 쓰면서 자신이 원하는 행동을 얼마나 실천했는지, 실천하지 못했다면 왜, 어떻게 하지 못했는지 기록을 남겨 연구자에게 보고했죠. 이렇게 새로운 목표 행위를 습관으로 정착시켜가는 과정을 분석했더니, 습관이 형성되는 초기에는 행동이 반복될수록 자동성이 크게 늘다가 어느 순간 반복해도 자동성이 늘지 않는 지점이 나타났습니다. 그리고 이 정체 구간을 지나야만 습관으로 정착된다는 사실이 드러났지요. 이렇게 자동성 증가가 정체되면서 습관으로 자리잡는 데 걸리는 시간은 개인별로 차이가 컸습니다. 제일 적게 걸린 사람은 18일 만에 새로운 습관이 정착되었지만, 무려 254일이나 걸린 사람도 있었죠. 실험 참가자들이 목표 행동을 습관으로 만들기까지 걸린 시간은 평균 66일이었습니다. 또 운동 습관을 정착시키는 데 걸리는 시간이 식습관의 경우보다 1.5배 더 길었어요. 운동은 먹거나 마시는 것보다 더 많은 움직임이 필요한 복잡한 행위라고 볼 수 있죠. 앞에서 설명했듯 복잡한 행위일수록 자동성을 만들어내기가 어려워 더 오래 걸린다는 사실을 보여줍니다.

그런데 운동이나 다이어트를 하려고 할 때마다 가장 걸림돌이 되는 것이 하나 있죠. '한두 번 빼먹기'입니다. 어쩌다가 한두 번 하지 않으면 '에이 망했다'라고 생각하고 포기해버린 분이 적지 않을 텐데, 실제로 이런 일시적 누락이 습관을 형성하는 과정에 악영향을 줄까요? 연구자들은 그렇지 않다고 설명합니다.

연구 결과, 하루 이틀 빼먹은 것은 습관 형성 과정에 실질적 영향을 끼치지 않았습니다. 건강한 습관을 형성하기 위해서는 행동의 반복이 필요하지만, 하루 이틀 놓쳤다고 해서 습관을 만드는 과정이 방해받지는 않습니다. 하지만 일주일 이상 손을 놓고 있으면 다시 할 가능성이 줄어들어 습관 형성에 방해가 될 수 있습니다.[14] 따라서 어쩔 수 없이 하루 이틀 거르는 일이 생기더라도 포기하지 말고 공백이 길어지기 전에 다시 계획대로 실천해나가는 것이 중요합니다.

좋은 습관을 정착시키는 원리와 전략

대표적인 새해 결심 중 빠지지 않는 것이 건강 챙기기입니다. 하지만 건강한 생활습관을 끝까지 지키기란 쉽지 않습니다. 처음에 잠깐 변화를 경험하면 희망에 가득 차서 의욕적으로 실천하다가도 시간이 지나면서 점차 예전 습관으로 돌아가기 십상이지요.[15] 일단 자동성을 확보하고 나면 웬만한 스트레스 상황에서도 좋은 습관을 유지할 수 있습니다. 하지만 자동성을 확보하기 전에는 바쁘거나 피곤하거나 감정적으로 힘들면 포기할 가능성이 매우 큽니다. 앞 장에서 살펴보았듯 생각·감정·행동을 제어하는 데에는 비용이 들어가는데, 뇌가 맞닥뜨린 문제를 해결하는 것에 우선하여 자원을 할당하기 때문이지요. 비유하자면 집에 불이 났는데 계획대로 운동하러 가는 사람은 없을 테니까요.

추가적인 노력 없이 몸에 좋은 음식을 먹고 운동을 꾸준히 하려면 습관으로 완전히 정착될 때까지 반복해야 합니다.[16] 거듭 말하지만 습관은 '맥락 신호에 대한 자동반응'입니다. 그 신호들이 나타날 때마다 행동을 반복함으로써 습득되는 것이죠. 습관적 행동은 최소한의 생각이나 의도만으로도 일어나며, 처음에 습관을 습득했던 맥락의 신호가 계속 발생하는 한 유지됩니다.[17] 예를 들어 이별로 상심한 마음을 달래려고 저녁마다 담배를 피우기 시작한 사람에게는 그 상황이나 기분이 담배의 맥락 신호가 됩니다. 시간이 지나 한동안 담배를 잊었다가도 비슷한 감정이나 상황을 맞닥뜨리면 담배를 다시 찾게 되지요. 습관에 변화를 주려고 할 때 그 행동만 바꾸려고 하면 잘 되지 않습니다. 그 행동이 어떤 맥락에서 일어났는가, 어떤 환경과 연결되어 있는가를 들여다봐야 합니다. 어떤 상황, 어떤 맥락에서 그 행위를 반복했느냐를 이해하는 것이 핵심입니다.

유니버시티칼리지런던의 심리학자 필리파 랠리Phillippa Lally는 식습관을 성공적으로 개선한 사람들이 어떤 단계를 거쳐 새로운 습관을 형성했는지 자료를 수집해 분석했습니다.[18] 그 결과 좋은 습관이 자리잡으려면 세 가지 단계별 전략을 거친다는 것이 밝혀졌습니다.

1. **시작** 행동 변화 개시 전략
2. **발전** 자동성 개발 전략
3. **정착** 효과적인 신호 프로그래밍 전략

단계 1: 시작

시작 단계에서는 준비할 것이 많습니다. 우선, 원하는 행동을 잘 일으킬 수 있도록 대비책을 마련합니다. 다이어트를 예로 들어보겠습니다. 배고플 때 간단히 먹던 초콜릿·과자·라면·패스트푸드를 사지 않고, 우유·두유·두부·바나나·토마토·견과류·샐러드 등을 바로 먹을 수 있도록 준비합니다. 회사에서 먹을 간식과 점심도 따로 마련합니다.

둘째, 환경을 조성합니다. 조그만 환경 차이가 커다란 행동 차이로 이어지는 매우 흥미로운 연구 결과[19]를 하나 소개하겠습니다. 버터 냄새가 솔솔 나는 갓 튀긴 팝콘과 먹기 좋게 썰어놓은 사과를 내밀었을 때 대다수 실험 참가자들은 팝콘을 먼저 집었습니다. 건강을 특별히 의식하지 않는다면 대개 저열량/저지방 음식보다 고열량/고지방 음식을 선호합니다. 그런데 이런 선호도 차이가 환경 설정에 따라 달라진다면 어떨까요?

팝콘과 사과 중 하나를 참가자의 손이 닿을 수 있는 위치(가까이)에 두고, 다른 하나를 2미터 떨어진 곳에(멀리) 두었을 때, 그게 무엇이든 상관없이 참가자와 더 가깝게 배치한 음식이 가장 많이 소비되었습니다. 또 사과와 팝콘을 둘 다 멀리 두기, 둘 다 가까이에 두기, 사과 가까이-팝콘 멀리 두기, 팝콘 가까이-사과 멀리 두기 등 네 가지 방식으로 배치한 뒤 자유롭게 섭취하게 하고 열량을 계산해보니 사과를 가까이에, 팝콘을 멀리 놓았을 때 총 에너지 섭취량이 가장 많이 감소했습니다. 이런 효과는 개인의 비만도 BMI(체질량지수)와 무관하게 나타났습니다. 사람들이 고열량 음식을 선호하는 경향 자체를 바꿀 수는 없지만, 저열량 음식을 가까이에 많이 배치함으로써 총 에너지 섭취를 줄일 수 있다는 것이 연구자들이 내린 결론입니다.

셋째, 변화를 꾀할 때 가장 중요한 것은 타이밍입니다. 다시 식단을 예로 들어보죠. 우리가 음식을 먹을 때에는 종종 이걸 먹을까 저걸 먹을까 고민하면서 먹기도 하지만 그보다는 별생각 없이 가까이 있는 음식, 익숙한 음식을 먹을 때가 더 많습니다. 특히 바쁘거나 피곤해서 건강한 식단을 생각할 여유가 없을 때는 고지방, 고당분의 음식으로 위로를 얻으려 하거나 열량은 높은데 영양은 없는 정크푸드를 섭취하기도 합니다.

따라서 기존 식습관을 버리고 새로운 식단을 실천하려면 우선 시간의 여유, 마음의 여유가 있을 때 시작해야 합니다. 시작 단계에서는 인지적 노력이 많이 들어가고 물리적으로 준비할 것이 많으므로 마감에 쫓기거나 스트레스가 심할 때 시도하면 실패할 확률이 높습니다. 얼마 못 가 포기하고 이전으로 돌아갈 소지가 다분

하죠. 반면 집을 이사하거나 이직, 결혼, 출산처럼 환경이 크게 바뀌거나 새로운 시기가 시작될 때 습관을 변화시키기는 훨씬 더 쉽습니다.[20] 습관은 늘 환경과 짝을 이루어 작동하기 때문에 환경이 바뀌면 습관도 위협을 받습니다. 환경에 따라 습관을 활성화하는 신호들도 바뀌지요. 익숙한 습관 신호가 없어지면 그 신호를 받아 일어나던 자동 행동, 곧 습관도 힘을 잃기 때문에 사람들은 행동방식에 대해 새로 생각하고 결정을 내려야 합니다. 의식과 의도가 개입되는 순간 자동성의 연결고리는 약해집니다. 이렇게 신호가 바뀌거나 사라지는 시기가 바로 새로운 목표와 의도를 실행할 절호의 기회입니다.

단계 2: 발전

발전 단계에서는 무엇이 필요할까요? 이 단계가 되면 자동성이 점차 증가하기 때문에 억지로 노력하거나 일부러 생각하지 않아도 실천하기가 점점 쉬워집니다. 몸에 좋은 음식을 바로바로 먹을 수 있도록 미리 손질해 준비하거나, 운동하는 시간·장소·방법을 정해서 새롭게 고민하거나 결정할 필요 없이 바로 실행할 수 있도록 환경을 설정하면 자동성이 더 커지겠지요. 습관의 특성을 이해하고 자신의 패턴을 서서히 변화시켜보세요. 습관은 자동성이고, 환경의 신호를 받아 움직입니다. 자동성을 높이려면 반복해야 하고, 생각이 개입되지 않아야 하지요. '별생각 없이 할 수 있어야' 습관이 됩니다.

주변을 보면 자기가 정한 원칙대로 자기조절을 잘하는 사람이 있고, 반대로 일시적 유혹에 잘 넘어가는 사람이 있습니다. 둘의 차이는 무엇일까요? 참을성의 차이일까요? 자기조절에 관해 오랫동안 연구해온 심리학자들은 대체로 자기조절을 잘하는 사람은 잘 참는 사람이 아니라는 데 의견을 같이합니다. 애초에 참을 필요가 없도록, 자신의 목표를 방해하는 유혹이 가득한 상황이나 문제가 될 만한 욕망 자체를 피하는 사람입니다.[21] 자신에게 중요한 것, 가치 있는 것을 이루기 위해 좋은 습관을 만들고 그와 관련된 신호에 집중하기 때문에 이런저런 유혹에 반응하지 않는 것이지, 욕망을 억제하고 통제하는 것이 아닙니다. '할까 말까' 하는 심리적 갈등이 일어날 상황을 애초에 만들지 않음으로써 노력을 헛되이 쓰지 않죠. 따라서 목표를 향한 실천에 인지적 노력을 집중할 수 있고, 목표를 달성할 확률도 높습니다.[22]

자기조절을 잘하는 사람들은 대체로 몸에 좋지 않은 음식을 먹는 습관이 약하고[23] 수면이나 운동, 학업이나 과업처럼 중요한 활동을 규칙적으로 하는 습관이 강하게 형성되어 있습니다.[24] 이처럼 잘 형성된 좋은 습관은 상충하는 욕망으로부터 우리를 보호해줍니다.[25] 억지로 뭔가를 참는 것과 목표를 달성하는 것은 별개의 프로세스[26]라는 사실을 기억해두세요. 내 인지 자원을 어디에 쓸 것인가 곰곰이 따져보세요. '뭔가를 참는 것'에 생각이나 노력을 다 써

버리면 '목표대로 실행'할 에너지가 남아나지 않습니다. 기름지고 달고 짠 음식을 억지로 참는 사람이 아니라, 그런 음식을 아예 떠올리지 않고 다가가지 않는 사람이 체중감량이라는 목표를 성공적으로 달성할 가능성이 큽니다. 불필요한 욕망을 자꾸 부추기는 이른바 '먹방'이나 광고성 이미지를 자주 보면 어떨까요? 별것 아닌 것 같지만 누적되면 무시할 수 없는 악영향을 끼칩니다. 생각하지 않았던 것까지 먹고 싶게 만들고 계속 새로운 자극을 찾게 하니 장기적으로는 엄청난 손해입니다.

집중해서 무언가를 해야 하는 상황은 어떨까요? 정한 시간 동안 목표한 것에 온전히 전념할 수 있도록 환경을 만들어보세요. '주의 집중'의 스위치를 켜면 다른 어떤 자극도 방해할 수 없도록 환경을 설정해 자동성의 효과를 높이는 것입니다. 카톡이 울리는 핸드폰 앞에서 공부에 집중하려고 애쓰는 학생이 아니라, 핸드폰을 방에서 치워버린 학생이 학업 목표를 더 성공적으로 달성한다는 연구 결과가 있습니다.[27] 불필요한 싸움을 하지 않도록 환경을 정비하는 것이 선제적 자기조절입니다. 퇴근 후 운동하러 가는데 친구가 전화를 걸어 "치맥?"이라고 했을 때 유혹을 억지로 떨치면서 마지못해 운동하는 사람이 아니라, 정해진 시간에는 전화를 받지 않음으로써 주의 분산을 최소화하고 운동하는 사람이 결과적으로 자기조절에 성공합니다.

이처럼 자신이 원하는 대로 습관을 만들어 선제적으로 대응할 뿐이지, 자기조절 능력이 따로 있는 것이 아닙니다. 누구나 자신의 생활 패턴과 경향성을 파악해 습관의 자동성과 관련된 신호들을 바꾸고 목표 달성에 유리하도록 환경을 설계할 수 있습니다.[28] 이렇게 만든 좋은 습관을 어떻게 하면 잘 정착시킬 수 있을까요?

단계 3: 정착

습관은 환경의 신호와 연결되어 있다고 했죠. 그러므로 환경의 안정성과 예측 가능성은 습관 형성에 커다란 도움이 됩니다. 예를 들어 '출근할 때는 통곡물과 채소로 된 점심 도시락을 싸가고, 식사 후에는 30분씩 걷는다'라는 규칙을 정해 회사라는 환경의 안정성과 예측 가능성을 활용해 습관을 만들어나간다고 합시다. 그럼 주말에는 어떻게 해야 할까요?

따로 정해놓은 규칙이 없으면 뭘 어떻게 해야 할지 몰라 예전 습관으로 돌아가기 십상입니다. 주중에 충분히 애썼으니 주말은 좀 쉬자는 생각에 목표에 반하는 행동을 할 가능성이 크죠. 그러면 건강관리나 체중감량 목표에서는 한발 멀어질 것입니다. 그래서 회사에 가지 않는 날의 프로그램을 따로 만들어두어야 합니다. 환경이 다르니 습관을 촉발하는 신호들도 다르니까요. 집에서는 집에 맞게 다시 세팅해야 합니다. 건강에 좋은 음식을 주로 먹도록 설계하지만, 건강에 좋지 않아도 먹고 싶은 음식이 있다면 운동을 하고 나서 먹도록 정하는 것도 유용한 전략입니다. 자격증 공부를 하고 있다면, 정해진 시간 동안 공부를 먼저 하고 나서 좋아하는 영상을 보도록 규칙을 정하면 도움이 됩니다.

평일에 자전거로 출퇴근하는 습관을 더 안정적으로 정착시키기 위해서는 주말 동안에는 마트까지 자전거로 다녀오기와 같이 규칙을 따로 정할 필요가 있습니다. 어떤 환경에서도 똑같은 행동을 할 수 있도록 각각의 환경에 맞게 미리 세팅하는 것입니다. 특정 행동이 일어나는 맥락을 관찰해보세요. 어떤 신호에 따라 더 하게 또는 덜 하게 되는지가 보일 겁니다. 행동은 어떤 대상이나 장소, 사람과 같은 특정 신호들로 촉발될 수 있고(예: 그 사람만 보면 술을 마시고 싶어), 이전 행동에 따라서도(예: 예전에 한 말 때문에 어쩔 수 없이 그 사람에게는 관대하게 행동하게 돼), 또는 특정 시간대(예: 밤 10시쯤 되면 꼭 라면이 생각나)에 따라서도 촉발될 수 있습니다. 자신의 행동 패턴을 잘 들여다보면 어떤 감정이나 생각, 행동이 그다음 행동을 끌어내는지 구체적으로 파악할 수 있습니다.

건강 개선 프로그램 만들어보기

가장 좋은 습관 개선 프로그램은 그 어떤 전문가보다도 자기 자신이 잘 만들 수 있습니다. 평소 무엇에 약하고 무엇에 잘 흔들리는지 파악해서 유혹이 예견되는 상황은 피하고, 작은 실천을 스스로 축하하고 응원하면서 더 큰 실행으로 이어지도록 설계할 수 있지요. 전문가들의 프로그램이라고 해서 특별한 점이 있지는 않습니다. 건강 습관을 정착시키는 데 성공한 간단한 사례를 하나 살펴볼까요? 과체중 및 비만인 성인 104명을 대상으로 8주 동안 프로그램을 실행하고 이후 8개월간 추적 조사한 영국의 한 연구 결과를 보면, 매우 간단한 행동도 지속하면 효과를 낼 수 있음을 확인할 수 있습니다.[29]

프로그램 참가자들에게 건강한 습관 정착을 위한 열 가지 팁을 모니터링 체크리스트와 함께 제공하고 참가자 스스로 규칙을 정하고 어떻게 실행했는지 기록을 남기도록 했습니다. 그 결과 참가자의 절반 이상이 8개월 동안 5킬로그램 이상 감량하고 유지하는 데 성공했습니다. 그 연구에서 제공된 팁을 조금 보완해서 정리해봤습니다.

체중 감량 및 건강 습관 정착을 위한 10가지 팁

1. 매일 규칙적인 시간대에 식사하기
2. 매일 할 수 있는 운동 한 가지를 골라서 실행하기. 특별히 없다면 하루 1시간 걷기
3. 몸에 좋은 간식거리 미리 준비하기(초콜릿이나 과자를 먹기 전에 먼저 손에 닿도록)

4. 고지방, 고당분 음식은 아예 사지 않기
5. 앉아서 일하는 경우, 알람을 맞춰놓고 1시간에 1회 자리에서 일어나 5분씩 서 있기
6. 당분이 들어 있는 음료 마시지 않고 물을 자주 마시기
7. 식사할 때에는 핸드폰이나 TV를 보지 말고 식탁에서 천천히 먹기
8. 채소나 과일을 소량이라도 하루에 다섯 가지 종류를 꼭 챙겨 먹기
9. 날마다 체중 기록하기
10. 식사일지 작성하기(무엇을 먹고 마셨는지 모두 기록)

새로운 건강 습관을 만들고 싶다면 자신에게 맞도록 수정해서 사용해보세요. 식단조절을 지속하도록 도와주는 유용한 도구는 특히 9번의 체중 기록하기와 10번의 식사일지 작성하기입니다. 날마다 같은 시간대에 체중을 재어 기록하고, 식사한 것을 적어나갑니다. 자신이 먹는 것이 모두 기록되기 때문에 스스로 식단을 의식적으로 점검할 수 있고, 쌓이는 기록이 일종의 성과처럼 느껴지기 때문에 한두 번 식단조절에 실패하더라도 다시 노력할 수 있습니다. 이렇게 과정을 기록하고 모니터링하는 것은 식사나 운동 습관뿐 아니라 자기계발을 위한 공부나 독서, 명상을 꾸준히 실천하는 데도 도움이 됩니다. 혼자서 하기보다 여럿이 하는 것을 선호하는 경우, 비슷한 목표를 가진 사람들끼리 모여 일지를 공유하고 서로 피드백을 주고받는 것도 좋습니다. 길게 쓰려면 부담이 되니까 핵심

만 간단히 적도록 합니다. 지속적으로 실행하려면 크게 부담되지 않도록 설계하는 것이 제일 중요합니다.

똑똑한 습관과 목표 추구가 만나면

다시 한번 말하지만 습관은 '맥락에 따른 반응'입니다. 일단 습관이 생겨나면 그 맥락에 대한 인식이 자동으로 반응을 일으키기 때문에 별다른 노력 없이 수행으로 연결됩니다. 처음에는 목표 달성에 따른 보상을 기대하며 시작했더라도 습관이 점차 강해지면 보상이나 그 행동의 가치와 무관하게 실행하게 됩니다. 다시 말해 습관은 목표나 가치 변화에 거의 영향받지 않습니다. 하지만 둘은 긴밀한 연관성이 있습니다. 습관은 크게 두 가지 방식으로 의도적 목표 추구와 상호작용하며 통합됩니다.

첫째, 여러 가지 목표를 추구하는 과정에서 특정 상황과 특정 행동이 연합되어 반복될 때 습관이 만들어집니다. 처음에는 목표와 지식으로 행동의 틀을 잡아나가고, 점차 반복을 통해 반응과 연합된 상황 신호를 포착하면서 학습이 일어나지요. 목표는 또한 특정 자극에 대한 주의를 높이고 행동 결과의 가치를 확인함으로써 습관 형성에 이바지합니다. 목표 지향적 행동과 습관적 행동의 기초가 되는 신경회로 사이에 직간접적 연결이 많다는 점을 고려할

때 목표는 여러 경로를 통해 습관 형성에 영향을 끼친다고 볼 수 있지요.[30]

습관이 형성되는 과정에서 우리 뇌의 습관 시스템과 의도적인 행위 제어 시스템이 여러 지점에서 중첩됩니다. 이는 생존에 필수적인 자동적이고 빠른 행동을 일으키는 신경 메커니즘을 기초로 해서 더 정교한 계획 능력을 지원하는 신경 시스템이 발달해온 진화사적 사실과도 부합합니다.

둘째, 일단 습관이 형성되고 나면 목표 추구를 위한 기본 반응을 하는 데 비용이 적게 듭니다. 우리의 자원과 인지적 노력은 한정되어 있기 때문에 매번 새로운 의사결정과 실행을 하기 어렵습니다. 특히 시간에 쫓기거나 주의가 산만할 때, 피로와 스트레스로 인해 충분히 생각하기 어려울 때 대체로 습관에 의지해 행동하지요. 실시간 상황에 따른 대응력이 떨어졌을 때, 습관은 행동 제어를 즉시 상황 신호에 위탁함으로써 대처하게 합니다. 그래서 우리의 변덕스러운 마음에도 불구하고 기존의 목표와 계획을 고집스럽게 지켜냅니다. 환경의 규칙성을 효율적으로 활용할 수 있다는 점에서 습관은 매우 똑똑한 시스템입니다.

6장
더 나은 결정, 더 나은 선택의 비밀
해석 수준

심리적 거리에 따라 해석 수준이 달라집니다.
흥미롭게도, 해석 수준을 바꿔도 심리적 거리가 달라집니다.

4~5장에서 노력의 비용, 그리고 이를 절감하는 전략인 습관에 관해 차례로 알아보았습니다. 뇌는 '제어를 했을 때 예상되는 가치'를 극대화하는 방식으로 자원을 사용합니다. 이 책을 읽는 지금 이 순간에도 여러분의 뇌는 비용을 줄이고 가치를 극대화하는 선택을 내리고 있지요. 재미있어서 계속 읽기도 하고, 별로 재미는 없지만 도움이 될 것 같으니 읽어두자고 자기 자신을 설득하기도 합니다. 무언가를 하거나 하지 않는 것, 더 중요하게 느껴지거나 좋아 보이는 것은 '무엇에 초점을 맞춰 해석하느냐'에 따라 달라집니다.

사람들은 자신의 취향이나 선호도가 매우 확고한 것처럼 말하는 경향이 있어요. 물건을 살 때나 뭔가를 고를 때 '꼭 이걸 본다'라거나 '저런 건 절대 안 한다'라고 말하기도 합니다. 하지만 실제 행동이나 선택은 상황과 맥락에 따라 역동적으로 변화합니다. 그때그때 중요하게 생각하는 지점이 달라질 수밖에 없으니까요. 옆에 있는 사람은 '도대체 왜 저래?'라는 생각이 듭니다. 누구에게나 있는 이런 간극을 설명해주는 개념이 '해석 수준'입니다.

미래자기를 바라볼 때 무엇을 먼저 고려하는지는 이 해석 수준에 따라서도 달라집니다. 먼 미래와 가까운 미래에 대해 생각하는 방식이 다르면 그에 따른 대처도 달라집니다. 이것을 어떻게 이해하고 활용할 수 있을까요?

심리적 거리에 따라 해석이 달라진다

뉴욕대학교의 심리학자 야코프 트로프Yaacov Trope와 텔아비브대학교의 니라 리버만Nira Liberman은 매우 흥미롭고 독창적인 개념 하나를 제안했습니다. 뭔가가 멀리 떨어져 있거나 가까이 있다는 사실이 그것에 대한 생각을 완전히 바꿀 수도 있다는 '해석 수준 이론construal level theory'입니다.

해석 수준 이론은 사람들이 심리적 거리에 따라 어떤 사건이나 사물을 다르게 해석해서 판단하고 행동하게 된다고 설명합니다.[1] 이때 '심리적 거리'란 시간적 거리, 물리적 거리, 사회적 거리, 확률적 거리라는 네 가지 거리를 모두 포함합니다. 예를 들면 다음과 같습니다. 6개월 뒤에 갈 여행은 멀게 느껴지기 때문에 그 여행의 의미와 같은 본질적인 생각을 주로 합니다. 이를 '상위 수준 해석high-level construal'이라고 합니다. 반면 다음 주에 여행을 간다면 어떤 가방을 가져갈지, 경비는 얼마나 챙겨야 할지 등 구체적이고 부차적인 생각, 곧 '하위 수준 해석low-level construal'을 하지요. 따라서 여러분이 만약 몇 달 뒤에 갈 여행 상품을 찾고 있다면 '힐링,

치유, 나를 만나는 여행'이라는 콘셉트로 판매하는 상품을 클릭할 확률이 높지만, 2주 뒤에 갈 여행 상품을 찾고 있다면 '초특가! 반 값 세일! 마감 임박!' 같은 문구를 클릭할 확률이 높을 것입니다.

사람들이 SNS에서 사용하는 단어들을 수집해 빅데이터 분석을 해본 결과, 사회적으로 나와 얼마나 가까운 대상인가에 따라 사용하는 단어의 특성이 다르게 나타났습니다.[2] 심리적 거리가 먼 쪽에서 가까운 순서로, 다시 말해 외국인, 내국인 타인, 직장 동료, 이웃, 친구, 가족으로 갈수록 구체적인 단어를 더 많이 사용하는 것으로 나타났죠.

직접 의사소통을 할 때 나타나는 차이도 흥미로워요. 멀리 떨어진 대상에게 편지를 쓸 때 사람들은 물리적 거리를 극복할 수 있을 만한 추상적인 단어, 상위 개념의 언어를 주로 사용하는 반면, 가까이에 있는 사람에게 편지를 쓸 때는 일상적이고 구체적인 단어를 더 많이 사용했습니다.[3]

특별히 의식하지 않아도 심리적 거리에 따라 어떤 대상이나 사건을 다르게 해석하고 다르게 대응할 수 있다는 사실은 어떤 의미가 있을까요? 누구나 해석 수준에 따라 똑같은 정보도 다르게 해석하고 정반대의 결정이나 행동을 할 수 있습니다. 시간이 아직 많이 남았거나 먼 장소의 사건, 나와 친하지 않은 사람들에게 일어난 일에 대해서는 비교적 추상적인 해석을 하면서 큰 그림을 주로 보기 때문에 자칫 중요한 세부사항을 놓칠 수 있지요. 시간이나 비용,

노력과 같은 현실적 문제들을 고려하지 않고 1년 뒤에 할 프로젝트를 맡겠다고 결정한다거나 이사할 집을 덜컥 계약한 뒤에 후회할 수 있습니다. 하지만 매일 맞닥뜨리는 문제만 해결하면서 단기적으로 구체적 해석에만 몰두하다 보면, 방향 없이 급류에 떠내려가는 듯한 피로감을 느낄 수 있지요. 물론 삶에는 수단(하위 수준의 해석)과 목적(상위 수준의 해석)이 모두 필요한데, 상황에 따라 어디에 더 중점을 둘지 선택하고 그에 따라 자원을 사용할 수 있습니다.

바람직한가 vs 실현 가능한가

아직 일어나지 않은 가설적 상황을 떠올릴 때 사람들은 실제 일어난 일에 비해 세부사항을 생략해서 지각하는 경향이 있습니다.[4] 그래서 먼 미래에 대해서는 과감하게 상상했더라도 그 시간이 점차 가까워지면 생각이 바뀌는 경우가 많지요. 또 우리는 일어날 법하지 않은 일에 대해서는 좀 더 추상적으로 사고하고, 일어날 확률이 높은 일에 대해서는 구체적으로 사고하는 경향이 있습니다. 대학생들을 상대로 한 실험 연구 결과에는 흥미로운 통찰이 담겨 있습니다. 수강신청을 하는 상황을 가정해서 '좋은 교수'와 '오가기 편리한 강의실' 중 하나만 선택하도록 했더니, 학생들은 맥락에 따라 다른 의사결정을 하는 것으로 나타났습니다.[5] 개설되지 않을 확률이 높은 과목에 대해서는 '강의실 위치가 멀어 불편하더라도 좋은 교수에게 배우고 싶다'고 이상적인 의사결정을 한 반면, 실제로 개설될 가능성이 큰 과목에 대해서는 '교수의 실력이 떨어져도 가까워서 편리한 강의실에서 수강하겠다'고 현실적 가치에 중점을 둔 의사결정을 했습니다.

무언가를 할까 말까 생각할 때 우리는 우선 바람직성과 실현 가능성 두 가지를 염두에 둡니다. 어떤 행위를 했을 때 그 결과가 얼마나 가치 있는가를 판단하는 것이 바람직성이라면, 그 결과에 도달하기 위한 수단이 얼마나 현실적인가를 살피는 것은 실현 가능성이죠. 해석 수준 이론에 따르면, 시간이나 공간적으로 거리가 멀수록 바람직성을 더 생각하고, 근접한 미래나 가까운 곳의 일(대상)에 대해서는 실현 가능성(효용성)을 더 따집니다.

뇌는 실현 가능성을 보고 준비한다

한편 내가 과거에 했던 일이 아니거나 앞으로 할 법한 일이 아니라고 생각할 때 우리 뇌는 덜 준비하는 경향이 있습니다. 이때 '과거에 실제로 한 일'이나 '미래에 아마도 할 일'인지 여부를 각각 다른 뇌 영역에서 판단하는 것이 아니라 같은 신경망에서 그 내용의 타당성과 현실 가능성이 얼마나 되는지에 따라 처리하는 것으로 보입니다.

1장에서도 언급했듯, 우리가 미래를 상상할 때와 과거를 회상할 때 관여하는 신경계는 거의 겹친다고 알려져 있습니다. 같은 뇌 신경을 가지고 우리는 지난 일을 곰곰이 들여다보고, 그것을 근거로 앞으로 어떤 일이 일어날지 시뮬레이션하지요. 지금 눈앞에서 즉각적으로 일어나고 있는 일이 아니라면, 어제의 일이든 내일의 일이든 비슷한 방식으로 거의 같은 신경망을 사용해 처리합니다.

과거를 회상하거나 미래를 상상하는 것처럼 즉시성이 떨어지는 일들을 처리할 때는 즉시성이 요구되는 현재 사건을 처리할 때에 비해 섬엽 피질의 활동이 감소하는 것으로 나타납니다.[6] 섬엽 피질은 '내가 했다'와 '다른 사람이 했다'의 차이를 알려주는 주체성의 지각,[7] 그리고 알아차림과 직접 관련되는 영역[8]으로 알려져 있죠. 2장에서 언급했듯 우리는 미래의 나를 타인처럼 인식합니다. 먼 과거나 먼 미래의 일일수록 '내 일'이라고 실감하기 어렵다는 것을 보여주는 근거가 하나 늘었네요.

하위 수준 해석과 '구체성'의 힘

영화를 보다가 너무 초조해서 눈을 감은 적이 있나요? 주인공에게 몰입하다 보면 분노, 슬픔, 두려움이 내 감정처럼 느껴질 때가 있습니다. 실제 경험이 아니어도 영상, 이미지, 심지어 문장이나 단어로도 뇌를 움직일 수 있습니다.[9] 어떤 단어를 읽고 그 뜻을 이해하려는 순간 우리 뇌는 특정 부분만 쓰는 것이 아니라 뇌 전반이 활성화되기 때문입니다. 예를 들어 '칼'이라는 단어를 보기만 해도 우리 뇌에서는 이미 칼을 피하려는 회피 반응이 일어나고, '사과'라는 글자만 봐도 사과를 먹는 행위와 관련된 신경세포들이 활성화됩니다. 무의식중에 예측하고 준비하는 뇌의 능력이지요.[10]

뇌의 이러한 뛰어난 능력 덕분에 가끔은 현실과 상상을 혼동하는 일도 발생합니다. 환각과 환청을 동반하는 조현병을 앓거나 VR 기술을 이용하지 않더라도 누구나 이런 혼동을 경험할 수 있는데, 특히 그 상상이 구체적일수록 진짜처럼 착각할 수 있습니다. 어떤 사건이 일어난 시간과 장소, 그때의 소리와 촉감, 내가 한 행동까지 포함해서 매우 생생하고 구체적으로 상상할수록 실제 일어난 일인지 단순한 상상인지 혼동이 일어나 기억이 왜곡되기도 합니다.[11]

일반적으로 우리가 무언가를 추상적으로 떠올릴수록 현실과 혼동할 가능성은 줄어들지요. 예를 들어 '동물'이라는 단어를 들으면 강아지, 고양이, 오리, 닭, 아니면 엊그제 사진에서 본 어떤 동물이 떠오릅니다. 하지만 '내 조카(또는 친구나 가족)가 기르는 강아지'라는 말을 들으면 딱 하나의 동물 이미지가 떠오르는데, 이때

2부 | 실행력을 높이는 예측

우리 뇌에서는 이 강아지를 실제로 본 것과 같은 신경 활동이 일어납니다. 뇌의 입장에서는 마음으로 어떤 대상을 구체적으로 생생하게 볼수록 눈으로 본 것과 거의 차이가 없는 활동이 됩니다. 보고 싶은 사람의 얼굴을 선명하게 떠올리는 것은 눈앞에서 실제로 보는 것과 다르지 않습니다.

또한 '문을 여시오'와 같이 구체적 행위를 묘사하는 문장을 읽을 때 우리 뇌에서는 이미 문을 여는 데 필요한 동작과 관련된 운동 신경들이 활성화되기 시작합니다.[12] 하지만 흥미롭게도 '문을 열지 마시오'와 같이 부정문으로 제시되었을 때에는 이 영역의 신경 활동이 눈에 띄게 줄어듭니다.[13]

한편 추상적인 동사 '청소'와 구체적인 동사 '닦기'라는 두 가지 지문을 제시했을 때, 운동피질의 활성화 정도에 차이가 있는 것으로 관찰되었습니다.[14] 동사가 구체적일수록 행동 계획 및 목표와 관련이 있는 뇌 영역인 양쪽 하두정소엽이 더 민감하게 반응했습니다.

그렇다면 계획이나 생각을 행동으로 잘 이어지게 하려면 어떤 메시지가 필요할까요? 구체적인 단어를 써서 긍정문으로 작성하는 겁니다. 이를 테면 '아침에 독서하기'보다는 '아침 6시에 《○○○》 책을 펼쳐서 한 쪽 읽고 나가기'가 좋고, '자기 전에 핸드폰 하지 말기'보다는 '밤 10시 반에는 핸드폰 전원을 끄고, 11시에 잠자리에 들기'가 좋습니다.

상위 수준 해석과 '추상성'의 힘

우리는 먼 미래의 행동을 떠올릴 때 가치를 중심에 놓고 생각하고, 가까운 미래의 행동에 대해서는 실현 가능성(실용성)에 초점을 두어 판단합니다. 흥미로운 것은 해석 수준만 바꾸어도 심리적 거리가 바뀌는 효과가 나타난다는 사실입니다. 꼭 먼 미래의 일이 아니라 하더라도 어떤 상황에 대해 상위 수준의 추상적 해석으로 유도하면 사람들은 '가치'와 '목적' 중심으로 사고하게 되고, 반대로 하위 수준의 구체적 해석으로 유도하면 실현 가능성이나 타당성을 중심으로 사고할 가능성이 커집니다.[15]

이것은 어떤 의미를 지닐까요? 이는 개인뿐 아니라 기업에도 적용할 수 있는데, 한 조직의 리더가 그들의 일이나 사업을 상위 수준으로 해석하여 가치와 목적 중심의 메시지를 자주 전달하다 보면 구성원들 역시 장기적 안목으로 자신의 업무와 조직을 바라보게 됩니다. 힘든 일이 있거나 시행착오를 겪더라도 '이것을 왜 하는지' 명확한 목적의식이 있기 때문에 개인적 문제로 여기지 않고 합리적으로 대처할 가능성이 커집니다.

반면 리더가 '실현 가능성' '비용 절감' '구체적 문제 해결'에 초점을 맞추는 메시지를 주로 전달하면, 구성원들 역시 단기적 성과나 실현 가능한 일들에 대해서만 생각하게 되어 시야가 경직되고 좁아집니다. 자신의 업무를 당면 과제를 처리하는 수준으로만 생각하기 때문에 잘되지 않을 때는 전적으로 개인의 실패나 무능으로 여겨 쉽게 좌절하지요.

물론 추상적인 메시지만 전달받으면 행동으로 옮기는 사람이 줄어들 수 있습니다. 이렇게 업무 추진력이 정체된 상황이라면 하위 수준의 소통과 점검이 필요합니다. 하지만 외부 요인이나 내부 여건이 갖춰지지 않아 힘든 상황, 도전과 인내가 필요한 상황에서는 상위 수준 메시지를 통해 장기적 안목으로 내다볼 수 있도록 독려하는 것이 효과적입니다.

해석 수준의 개인차를 염두에 둘 때

앞에서 보았듯 실천력을 높이려면 하위 수준의 해석이 필요하지만, 지나치면 눈앞의 목표에 매몰되기 쉽습니다. 직장생활에서 당장의 문제 때문에 버겁다면 자신의 해석 수준이 현재 지나치게 하위 수준에 치중해 있지는 않나 살펴야 합니다.

성격적으로든 상황 때문이든 어떤 사람은 상위 수준의 해석을, 어떤 사람은 하위 수준의 해석을 자주 합니다. 상위 수준의 추상적 해석을 자주 하는 사람은 타인의 평가를 자기 이해와 발전의 과정으로 받아들이기 때문에 부정적이거나 비판적이더라도 정확하고 현실적인 피드백을 선호합니다.[16] 막연한 칭찬이나 아첨은 자신에 관한 정보를 주지 못하기 때문에 이들에게 별 의미가 없지요. 반면 하위 수준의 구체적 해석에 익숙한 사람들은 그때그때의 작은 단서들에 민감하게 반응하는 경향이 있어서, 당장 듣기 좋은 칭찬이나 긍정적인 피드백을 선호합니다. 업무에 대한 평가가 주를 이루는 사회에서 상위 수준 해석자들은 일에 대해 부정적 평가를 받으면 그 일을 개선하는 방법을 생각하지만, 하위 수준 해석자들은 일에 대한 평가를 자신에 대한 전반적 평가로 받아들여 회피하거나 감정적으로 대응하는 경향이 있습니다.[17] 자신에게 정말로 도움이 되는 정확한 피드백보다는 '잘했다'는 느낌을 주는 기분 좋은 말을 듣고 싶어하는 것이지요. 따라서 업무에서 실수나 문제가 발생했을 때 일 중심으로 사고하거나 행동하지 못하고 비난과 평가에 관한 생각들로 주의가 쏠려 오히려 상황을 악화시킬 수 있습니다. 주변 사람들의 의도를 왜곡해서 잘못 판단하기도 하지요.

　다양한 상호작용이 실시간으로 이루어지는 실제 상황을 떠올려보겠습니다. 예를 들어 팀장은 상위 수준 해석자, 팀원은 하위 수준 해석자일 경우 이런 일이 자주 벌어질 수 있습니다. 부정적인 피드백의 장기적 이점을 잘 알고 있는 팀장은 팀원에게 보완하고 개선해야 할 내용 중심으로 꼭 필요한 현실적인 피드백만 줄 가능성이 크죠. 반면 팀원은 자신이 열심히 한 업무에 관해 격려나 긍정적 피드백을 받지 못해 섭섭해하거나 심하면 분노하는 일이 종종 벌어집니다.

"팀장님! 저도 나름대로 열심히 했다고요. 일주일 내내 잠도 못 자면서 했는데 그건 몰라주고 오류만 지적하시니 정말 서운합니다."

이렇게 솔직하게 자기 마음을 그대로 얘기하는 것이 과연 해결책일까요? 팀장의 관점에서 이 팀원은 그저 '토닥토닥'해주기만 바라는 미숙한 사람으로 보일 뿐입니다. 반면 팀원의 관점에서 팀장은 지나치게 엄격하고 포용력이 부족한 사람으로 생각되겠지요.

팀장과 팀원의 견해차, 경험차도 물론 존재하지만 여기서 우리가 주목해서 볼 것은 해석 수준입니다. 해석 수준은 타인의 행동에 대한 기대나 추론에도 영향을 끼칠 수 있지요. 상위 수준 해석자들은 타인의 행동을 볼 때 그 이면의 추상적이고 장기적인 목표를 염두에 두고 추론하고 대응하는 반면, 하위 수준 해석자들은 드러난 행동을 그대로 상대방의 특성으로 간주하는 경향이 있습니다. 우리가 어떤 행동이나 상황을 해석할 때 해석 수준의 차이가 영향을 끼친다는 사실을 염두에 둔다면, 맥락까지 포함해 더 상세히 이해하고 판단할 수 있을 것입니다.

해석 수준과 호감도

사람들은 누군가를 판단할 때 주로 그 사람의 행동을 봅니다. 상황 때문에 일시적으로 일어난 행동조차 마치 그 사람 고유의 성격적 특성으로 간주하는 경우가 많지요.[18] 하지만 그동안 축적된 신경과학과 심리학 연구들에 따르면, 인간의 생각과 행동은 맥락에 따라 매우 가변적이기 때문에 상황 단서에 자신도 모르게 반응한 뒤에, 이미 해놓은 말이나 행동을 스스로 납득할 수 있도록 합리화하면서 일관된 논리를 만들어가는 경향이 있습니다.[19] 일관성을 확보하는 것이 자신과 타인의 행동을 예측하는 데 유리하며, 인지적 에너지를 덜 소모하기 때문입니다.[20] 하지만 상황적 변수는 너무 많고 우리가 알아차리지도 못하는 사이에 상호작용이 일어나기 때문에 실제 행동은 종종 예측을 벗어나고 사람들은 자신의 반응이 뜻밖이어서 당혹스러워할 때가 있지요.

특히 우리는 심리적으로 가까이 있는 대상을 더 구체적으로 해석합니다. 가까이 있는 대상들에 대한 평가는 그때그때 상황적 맥락에 따른 정보들까지 포함하기 때문에 맥락에 맞게 해석하고 반응하지요. 반면 심리적으로 멀리 있는 대상은 상황 정보가 부족하니 맥락에 대한 이해 없이 추상적으로 해석할 가능성이 큽니다.

해석 수준은 누군가를 좋거나 싫다고 느끼는 데에도 영향을 끼칠 수 있습니다. 일례로 사람들은 대개 자신을 닮은 사람을 만났을 때 호감을 느낍니다.[21] 하지만 때로는 자신과 정반대의 사람에게 매력을 느끼기도 하는데,[22] 이런 차이를 해석 수준으로 설명할 수 있습니다.

대인 간 유사성이 해석 수준에 따라 어떻게 달라지는지 살펴본 연구에 따르면, 하위 수준의 해석을 할 때는 유사성이 곧 호감도로 이어지는 반면 상위 수준의 해석을 할 때는 유사성이 낮을수록 상대방에 대한 호감이 높아집니다.[23] 다시 말해 타인의 전반적 특성보다 부차적이고 사소한 특성에 초점을 맞출 때 사람들은 자신과 유사한 사람일수록 호감을 더 많이 느낍니다. 습관처럼 사소한 특성이 이상하다고 여겨지거나 거슬리면 그 사람에 대한 호감도는 급격히 떨어지지요. 작고 구체적인 것일수록 자신에게 익숙한 것을 선호하기 때문입니다. 반면 누군가를 만나 삶의 목표나 이상향과 같이 전반적이고 추상적인 이야기를 할 때는 낯설거나 자신과 정반대인 사람에게 더 매력을 느끼는 경향이 있습니다. 초점을 어디에 맞추느냐에 따라, 사고의 맥락에 따라 타인에 대한 판단과 감정이 달라질 수 있지요.

멀어져야 삶의 방향이 보인다

미래의 일들을 생각하는 데 시간과 노력을 더 많이 들일수록 더 추상적으로 생각하는 경향이 있습니다. 게다가 심리적으로 멀리 있는 일이나 대상에 대해서는, 실시간으로 얻을 수 있는 정보가 적기 때문에 그 평가가 자주 바뀌지 않지요.[24] 멀리 있기에 북극성이 될 수 있는 것입니다. 장기적 관점에서 삶을 바라보던 옛날과 달리, 인터넷과 디지털 기술의 발달로 매 순간 새로운 자극에 노출되는 현대인들은 삶의 목적이나 가치에 대해 따로 훈련받지 않으면 스스로 생각하기가 매우 어려워졌습니다. 주의를 빼앗아가는 문제와 대상이 너무 많기 때문이지요.

정보와 가능성이 지나치게 많아서 무엇을 선택하고 무엇에 집중해야 할지 판단이 서지 않아 멀미를 느끼는 사람도 있습니다. 무엇이 중요한지 놓치면서 바쁘기만 한 것 같은 답답함이 든다면, 눈앞의 혼잡함에서 잠시 벗어나 미래의 자신을 만나보는 것도 좋습니다. 해석 수준과 심리적 거리의 원리를 토대로 마음여행을 좀 더 적극적으로 활용하는 것이지요.

예를 들어 미래의 특정 시점에 대한 계획을 세워보거나(나는 그때 어디서 무엇을 하고 있는가?), 미래의 나 자신과 편지를 주고받거나 가상의 대화를 하는 방식으로 인지적 노력을 기울이면 상위 수준 해석의 이점을 더 효과적으로 얻을 수 있습니다.[25] 멀리 보아야 이유, 의미, 가치 같은 방향성이 보이니까요.

단기적 이득이나 욕망에 비하면 '가치'는 사람들의 즉각적인 행동에 그다지 큰 힘을 발휘하지 못하는 것처럼 보입니다. 하지만 개인의 가치는 미래에 관한 의사결정이나 행동 의도에서 매우 중요한 요소입니다. 특히 되돌릴 수 없는 선택을 할 때, 개인의 기본적인 가치들은 의도뿐만 아니라 실제 행동에도 영향을 끼칠 수 있습니다.[26] 당장 눈에 띄지는 않아도 결정적 순간에 항상 위력을 발휘하며 삶 전체의 흐름을 끌고 가는 중대한 요소가 가치라고 할 수 있지요. 내 삶의 우선순위가 잘 보이지 않고 뒤죽박죽이라는 생각이 든다면 10년 뒤, 20년 뒤의 내 모습과 주변에 있는 소중한 사람들을 떠올려보세요. 노년의 내 얼굴을 떠올려봐도 좋습니다. 그때 내게는 무엇이 중요할까요? 그때 어떤 기분을 느끼면 좋을까요? 그러려면 지금 무엇을 선택해야 할까요? 멀리 보는 연습을 통해 내게 정말 소중한 가치와 우선순위를 점검한다면 그 자체로 삶에 방향이 생겨납니다.

해석 수준

연구에 따르면 아래와 같이 간단한 연습만으로도 상위 수준 또는 하위 수준 해석을 촉진할 수 있습니다. 일이 잘 풀리지 않을 때, 생각의 전환이 필요할 때 한번 따라 해보세요. 조직에서 갈등이 일어났을 때도 구성원들과 대화하면서 같이 시도해볼 수 있습니다.

상위 수준 해석을 촉진하는 연습

1. 어떤 일이 벌어졌나요?

2. 이 일의 중요성과 의미에 대해 생각합니다. 나의 정체성이나 삶에서 중시하는 가치, 장기적 목표, 이 일이 나에게 갖는 의미, 이 일의 배경이나 더 큰 맥락에 대해 잠시 생각합니다. 떠오르는 대로 적어봅니다.

하위 수준 해석을 촉진하는 연습

1. 어떤 일이 벌어졌나요?

2. 이 일이 어떻게 펼쳐질지 생생하게 상상해보세요. 이 일이 일어나
   는 동안 내가 무엇을 보고 듣고 느낄지, 어떤 기분이 들고 어떻게
   행동할지 구체적으로 생각해봅니다. 떠오르는 대로 적어봅니다.

FUTURE
SELF

7장
나에 대한 믿음은 어떻게 만들어지나
자기효능 기대

내가 어떤 것을 '잘 해낼 수 있다'는 믿음은
실제로 자기조절을 해내는 데 매우 큰 역할을 합니다.
이러한 믿음은 얼마든지 원하는 방향으로 기를 수 있습니다.

자기조절이라는 삶의 기술

해야 할 일들을 제때 해내고 좋은 관계를 유지하면서 더 만족스러운 삶을 살기 위해 가장 필요한 역량은 무엇일까요? 자기 자신을 자유자재로 조절하고 사용하는 힘, '자기조절'입니다. 심리학에서 자기조절은 가장 많이 연구되어온 주제 중 하나입니다. 자신의 목표에 맞게 주의·생각·기분·행동 등을 이끄는 능력인 자기조절은 삶에서 가장 필요한 기술입니다. 광범위한 연구들에 따르면, 자기조절이 잘 이루어질 때 우수한 학업 성적, 직업적 성공, 높은 소득, 좋은 대인관계, 높은 충족감, 좋은 건강 상태를 유지할 수 있다고 합니다.[1]

자기조절은 자신의 생각·감정·행동에 대한 다양한 목표와 기준을 채택하고 관리하며, 이러한 목표와 기준을 충족시키는 방대한 프로세스입니다.[2] 어떤 목표를 추구할 것인지 결정하고, 목표 추구 방법을 계획하고, 계획을 실행하고, 주의를 빼앗는 요소들로부터 목표를 보호하고, 크고 작은 성공과 실패를 거치면서 목표를 그대로 유지할 것인지 아니면 목표를 바꾸거나 조정할지 결정하는

것 등의 과정이 포함되지요.[3]

과거에는 특히 장기적 목표와 즉각적 유혹이 상충하는 상황에서 장기 목표를 달성하기 위해 충동·감정·행동을 억제하거나 잘 관리하는 자기통제가 어떤 경로를 통해 이루어지는지, 왜 어떤 사람에게서는 잘 이루어지고 어떤 사람에게서는 종종 실패하는지에 관한 연구가 대다수였습니다.[4]

이러한 기존의 관점은 일단 벌어진 상황에서 유혹이나 충동, 감정을 참거나 극복하기 위해 어떻게 대처하는가에 초점이 맞춰져 있습니다. 하지만 인간은 예측하는 뇌를 갖고 있으므로 단순히 상황에 반응하기만 하는 동물이 아닙니다. 상황이나 사건이 벌어지기 이전에 무엇을 예측하고 대비했는가가 대응에 결정적인 영향을 끼칩니다. 신경과학적 근거들이 축적되면서 심리학자들 사이에서도 자기조절의 메커니즘에 관한 이해가 훨씬 정교해졌는데, 최근에는 적은 노력으로 원하는 행동을 끌어낼 수 있도록 자기조절의 선제적·예방적 대응 전략에 관한 연구가 증가하는 추세입니다.[5]

자신의 능력에 대한 예측

최근 연구들이 공통적으로 강조하는 사실은 자기조절에서 상황적 맥락과 주관적 해석이 매우 중요한 역할을 한다는 것입니다. 한 번 더 강조하지만, 인간은 단순히 어떤 자극에 반응하기만 하는 존재가 아니에요. 우리는 환경적 단서들을 예측하고 해석하여 자신의 주관적 판단에 따라 반응합니다. 너무 빠르거나 자동화되어 있어서 의식하지 못하는 수준에서 일어나는 반응이라 해도 마찬가지입니다. 예측과 해석은 모든 행동 프로세스에 영향을 끼칩니다. 특히 자기조절에 직접 영향을 끼치는 대표적인 예측 중 하나는 자신의 능력에 대한 예측, 곧 자기효능 기대예요.

국내에서 흔히 자기효능감이라고도 불리는 자기효능 기대self-efficacy expectancies는 자신감이나 유능감으로 오해되는 경우가 많습니다. 자기효능 기대라는 용어를 고안해낸 심리학자 앨버트 밴듀라Albert Bandura는 "특정 상황에서 어떤 것을 성취해내기 위한 행동들을 얼마나 잘 실행할 수 있는지에 대한 믿음"[6]이라고 정의했습니다.

잘할 것 같은 막연한 기분이나 일시적 느낌이 아닙니다. 모든 일을 잘할 수 있다는 자신감도 아닙니다. 특정 조건에서 어떤 과업을 자신의 기술이나 능력으로 해낼 수 있는가에 대한 인식입니다. 내가 어떤 것을 '잘한다'라는 믿음이 아니라 '잘할 수 있다'라는 믿음이고, 잘하기 위해서는 어떤 행동이 필요한지 아는 것까지 포함합니다. 자기효능 기대가 높은 사람은 건강에 도움이 되는 좋은 습관을 많이 갖고 있고, 학습이나 업무에서도 높은 성과를 내는 것으로 알려져 있습니다.[7] 또 시련이나 실패를 겪어도 회복하는 힘이 강하고, 스트레스에 대처하는 능력도 높습니다.[8] 그럼 자기효능 기대는 어떻게 기를 수 있을까요?

우선 자기효능 기대에 대한 다섯 가지 오해부터 살펴보죠.

자기효능 기대에 대한 다섯 가지 오해

첫째, 자기효능 기대는 결과에 대한 기대를 뜻하지 않습니다. 결과 기대는 "자신의 수행에 뒤따를 거라 예상되는 결과에 관한 판단"[9] 인 반면, 자기효능 기대는 가치 있는 목표를 달성하는 데 필요하다고 생각되는 행동들을 수행하기 위해 자신의 자원을 얼마나 잘 동원할 수 있는가에 관한 인식입니다. 예를 들어 '이번 시험에 합격할 거야'는 결과 기대이지 자기효능 기대가 아니죠. 합격을 목표로 정하고 자신이 원하는 결과를 만들어내기 위해 어떤 행동과 전략이 필요할지 고려하는 것, 그런 행동들을 과연 어디까지 실행할 수 있을지를 평가하고 예상하는 것이 자기효능 기대입니다. 물론 자기효능 기대와 결과 기대는 서로 긴밀하게 영향을 끼칩니다.[10] 합격에 필요한 행동들이 무엇이고, 자신이 얼마나 실행할 수 있을지 명확히 알고 있는 사람이라면 합격 가능성도 클 테니까요. 하지만 엄밀히 말해서 두 가지는 구별되는 개념입니다.

둘째, 자기효능 기대는 능숙함이나 유능함이 아닙니다. 자신이 어떤 분야나 영역에 능숙하고 유능해질 수 있다는 예상 또는 기대입니다.

셋째, 자기효능 기대는 의도와 다른 개념입니다. 의도란 무엇을 '할 것이다'를 뜻하는 한편, 자기효능 기대는 '할 수 있다'를 뜻합니다. 의도는 자기효능 기대를 포함해 많은 요소의 영향을 받습니다. 그리고 자기효능 기대는 행동에 직접 영향을 끼칠 수도 있고, 의도를 통해 간접적으로 행동에 영향을 끼칠 수도 있습니다.

넷째, 자기효능 기대는 잘 변하지 않는 개인의 특성이 아닙니다. 상황에 따라 달라질 수 있고, 연습으로 변화시킬 수 있습니다.

다섯째, 가장 중요한 내용일 것 같은데, 자기효능 기대는 전반적이고 광범위한 기대가 아닙니다. 특정 분야, 특정 영역에 관해서만 이야기합니다. 예를 들어 대인관계 기술, 운동, 다이어트, 외국어 학습, 요리, 악기 연주 같은 특정 영역으로 한정해야 자기효능 기대를 논하거나 측정할 수 있습니다.[1] 따라서 자기효능 기대가 높다 또는 낮다고 이야기하려면 어느 분야를 말하는 것인지 먼저 특정해야 하고 그 분야나 영역에 잘 들어맞는 주요 특성들을 구체적으로 파악했는지도 살펴야 합니다.

이를테면 체중감량을 목표로 계획을 세우는 상황에서 자기효능 기대가 높다면, 무엇을 어떻게 해서 목표를 달성할 것인지 구체적인 지식이나 정보를 갖추었고 그에 따라 일련의 행동을 수행할 준비가 되어 있음을 뜻합니다.

상황에 따라 달라진다

자기효능 기대는 과제의 난이도와 도전 수준은 물론이고 상황에 따라서도 달라질 수 있습니다. 특히 목표대로 실행하기 힘들게 하는 상황적 요소를 잘 파악해야 합니다. 예를 들어 금연하려는 사람들의 자기효능 기대는 누구와 어디에 있는가에 따라 달라질 수 있죠. 과거에 담배를 같이 피우며 술을 마시던 친구들을 만났을 때와 같이 담배에 노출될 수밖에 없는 상황에서는 당연히 자기효능 기대가 낮아지죠. 이것만 놓고 자기효능 기대가 낮다고 평가해서는 곤란합니다. 비교적 쉽게 해낼 수 있는 상황부터 매우 어려운 상황까지 두루 포함시켜 이해해야 합니다.

'다이어트를 얼마나 잘할 수 있을지'가 아니라 자신이 특히 취약해지는 상황 맥락이나 단서들을 모두 포함시켜 고려해야 하는 것이죠. 다이어트가 얼마나 힘든지는 상황에 따라 달라지기 때문입니다. 예를 들어 TV 볼 때, 기분이 우울할 때, 누가 맛있는 고칼로리 음식을 사왔을 때, 친구들과 유명 맛집에 갔을 때, 회식할 때 등 다이어트가 힘들어지는 상황을 다양하게 떠올리면서 각각의 상황마다 다이어트 규칙을 고수하는 것이 얼마나 가능할지 예상하는 것입니다.

자기효능 기대를 만드는 다섯 요소

그렇다면 자기효능 기대는 어떻게 만들어질까요? 학자들은 다섯 가지 출처로부터 입력된 정보들이 통합된 결과라고 설명합니다. 다섯 가지란 직접경험, 간접경험, 언어적 설득, 가상 경험, 정서적·생리적 상태입니다.

첫째, 직접경험은 자기효능 기대에 가장 강력하게 영향을 끼치는 요소입니다. 어떤 새로운 일을 하게 되었는데, 만약 그 일을 과거에 해보았다면 예측하기가 훨씬 더 수월하지요. 특히 그때 열심히 해서 좋은 결과를 거두었다면 당연히 그 분야에 대한 자기효능 기대는 높아집니다.[12]

둘째, 직접경험이 없더라도 간접경험을 통해 자기효능 기대가 만들어질 수 있습니다. 주변인들을 통한 간접경험 또한 큰 영향을 끼칩니다. 타인의 행동을 관찰하고, 그 행동이 어떤 결과로 이어지는지 보면서 영향을 받지요. 우리는 특히 주변에서 힘든 일을 겪거나 어려운 문제를 해결해야 하는 상황에 놓인 사람들을 관찰하면서 내가 그 상황에 처했다면 어디까지 할 수 있을지 생각해보곤 하는데, 그런 과정을 통해 자기효능 기대가 형성됩니다. 이때 그 사람(모델)이 나와 얼마나 비슷하다고 생각하는지에 따라 영향을 받는 정도는 달라집니다. 나와 유사성이 크다고 여길수록 '나도 해볼 수 있겠다' 아니면 '나라도 저건 못하지'와 같이 생각하기 쉬움니다. 타인을 관찰하면서 배우는 것을 관찰학습 또는 모델링에 의한 학습이라고 합니다. 물론 그 사람이 나와 얼마나 가까운지도 중요하지만, 내가 그 같은 행동을 할 가능성이 얼마나 되는지, 그 행동을 하고자 하는 동기가 얼마나 되는지도 중대한 영향을 끼칩니다.[13] 간접경험이 자기효능 기대에 끼치는 영향은 대개 직접경험의 영향력보다는 약한 편이지만, 우리가 모든 것을 경험해볼 수는 없기에 매우 중요한 요소입니다.[14]

셋째, 자기효능 기대는 언어적 설득에 따라서도 영향을 받습니다. 다른 사람들이 내 능력과 성공 가능성에 대해 뭐라고 말했는지, 특히 누가 말했는지가 중요합니다. 전문성, 신뢰성, 매력을 갖춘 사람들의 이야기는 설득력이 더 높습니다.[15] 언어적 설득에 의한 효과는 일시적이기 때문에 직접경험이나 간접경험의 영향보다는 지속성이 낮지만 자신을 믿어주는 사람이 자주, 꾸준히 지지해준다면 강한 힘을 발휘하지요.

넷째, 전문가가 직접경험과 유사하게 가상 경험 프로그램을 만들어 참가자들의 자기효능 기대에 얼마나 변화를 일으키는지 살펴본 연구가 다수 있습니다.[16] 힘든 상황에서도 성공적으로 수행해내는 자신의 이미지를 떠올리는 훈련은 운동이나 채용 면접과 같은 다양한 과제에서 자기효능 기대를 높이는 것으로 나타났습니다.[17] 또한 목표와 현재의 장애물을 생생하게 대조하는 심리대조법을 실시한 경우 참가자들이 자기효능 기대를 실제 행동으로 옮기는 데

도움을 주었습니다.[18]

　마지막으로, 생리적 상태와 정서적 상태도 영향을 끼칠 수 있습니다. 특히 생리적으로 불편한 각성이 일어나면서 과제 수행을 제대로 못했거나 실패했다고 느꼈을 때, 그때의 생리적·정서적 상태는 자기효능 기대에 부정적 영향을 끼치기 쉽습니다. 우리는 몸 상태와 기분이 좋을 때에 비해 불안하거나 피로하거나 통증이 있을 때, 눈앞의 과제를 잘 수행할 수 있을지에 대해 더 의심하게 됩니다. 하지만 이때에도 해석이 결정적인 역할을 합니다. 그 순간 자신의 감정이나 생리적 상태를 어떻게 해석하는지가 자기효능 기대와 실제 수행에 결정적 영향을 끼칠 수 있죠.[19] 예를 들어 많은 청중 앞에서 발표하기 위해 무대로 걸어가면서 심장이 너무 빨리 뛴다고 느꼈을 때, 그 이유를 '너무 빨리 걸어서 그렇다'고 여긴다면 별로 긴장하지 않습니다. 반면 '제대로 못할까 봐 긴장해서 그렇다'로 원인을 돌리면 불안이 높아지거나 일시적으로 자신감이 떨어져서 마음이 흐트러지고 발표에 집중하기 어려워집니다.

자기조절에 끼치는 영향 1: 목표와 동기

자기효능 기대는 다양한 방식으로 자기조절에 영향을 끼칩니다.[20] 먼저 우리가 선택하는 목표와 과제에 직접적으로 영향을 줍니다.

164

어떤 분야 또는 특정 영역에 대한 자기효능 기대가 높은 사람은 목표를 높게 설정하는 경향이 있습니다.[21] 그 분야에서 성공한 경험이 있거나, 가까이에서 성공 사례를 보았거나, 평소 잘한다는 소리를 많이 들었다면, 자기효능 기대가 높아서 목표 또한 높게 세울 것입니다.

자기효능 기대는 동기 준비태세motivational readiness에도 중대한 영향을 끼치는데, 동기 준비태세란 어떤 바람에 따라 행동하려는 경향성 또는 행동 준비태세를 말합니다. 자기효능 기대가 높을수록 동기 준비태세도 높아져서 생각과 행동의 간극이 줄어들죠.[22] 목표대로 실천할 가능성이 커지기 때문에 자기조절의 직접적인 전조가 됩니다.

자기효능 기대는 우리가 무엇을 할지 선택하고 계획하는 것과 노력을 비롯한 다양한 자원을 얼마나 할당할지, 힘든 상황을 맞닥뜨렸을 때 어떻게 버틸지, 목표와 현재 수행 사이에 나타나는 불일치에 어떻게 대처할 것인지에 모두 영향을 끼칩니다.[23] 과제나 일이 잘되지 않을 때, 자기효능 기대가 낮은 사람은 자신이 제대로 해낼 수 있을지 쉽게 의심하는 경향이 있습니다. 반면 자기효능 기대가 높은 사람은 불리해 보이는 상황에서 오히려 일의 완성도를 높이기 위해 노력을 더 쏟아붓는 경향을 보입니다. 여건이 나빠져서 일시적으로 목표가 흔들리거나 중간 결과가 좋지 않더라도 쉽게 포기하지 않고 목표를 고수할 가능성이 큽니다. 인내심은 더 좋은 결과로 이어지고, 이러한 성공 경험이 다시 자기효능 기대를 높이는 선순환을 낳지요.

자기조절에 끼치는 영향 2: 피드백과 해석

많은 사람이 경험과 지식이 풍부한 전문가가 내 업무에 대한 조언이나 피드백을 해주길 바랍니다. 요즘처럼 변화가 빠른 시대에는 특히 '내가 잘 가고 있나?' '이대로 하는 게 맞나?' 하는 걱정이 많아질 수밖에 없지요. 그런데 아이러니하게도 거의 모든 조직에서 "우리 회사는 피드백이 없다"는 얘기가 들려옵니다. 그만큼 좋은 피드백을 경험할 기회가 드물다는 얘기일 것입니다.

그런데 피드백을 요청하는 동기가 반드시 자기발전을 위한 방향은 아닐 수 있습니다. 조직에서의 피드백을 연구해온 학자들은 사람들이 세 가지 이유로 피드백을 원한다고 합니다.[24]

첫째, 피드백의 내용을 직접 활용하기 위해서입니다. 목표를 달성하고 자신의 행동을 조절하기 위해 정보적 가치가 있는 피드백을 구하는 것이죠. 피드백은 어떤 행동이 조직에 더 잘 적응하는 데 도움이 되는지 기준을 제시해주기 때문에 구성원들의 불안을 낮추어주는 효과가 있습니다.

둘째, 자기, 이른바 '에고ego'를 보호하기 위해서입니다. 피드백은 '나'에 관한 정보가 들어 있어서 감정적인 반응을 불러일으킬 수밖에 없습니다. 목표를 달성하기 위해서는 정확한 정보가 필요하지만, 대개는 '나'나 '내 업무'에 대해 호의적인 얘기를 듣고 싶어하죠. 따라서 사람들은 종종 자기 이미지를 훼손하지 않기 위해 불편한 정보를 회피하거나 왜곡해서 받아들이거나 평가절하하기도 합니다.[25]

셋째, 타인에게 좋은 인상을 주고 싶어서입니다. 사람들은 성과가 좋아서 타인에게 인정받을 것을 예상할 때에는 피드백을 바라지만, 성과가 낮을 때에는 피드백을 꺼리는 경향이 있습니다. 업무 수행에 대한 피드백이 자신의 이미지를 훼손할 거라고 예상하면 업무에 도움이 될 수 있는 피드백의 도구적 목적마저도 포기하는 것입니다.[26]

'피드백을 원한다'라고 할 때는 이처럼 세 가지 다른 동기가 있을 수 있습니다. 이 중 자기효능 기대와 밀접하게 연관되는 것은 첫 번째 이유입니다. 자기효능 기대가 낮을수록 당장 들어서 기분 좋은 말, 긍정적 평가만 듣고 싶어합니다. 사실상 피드백이 아니라 칭찬을 원하는 것이죠. 반면 자기효능 기대가 높은 사람은 자신의 성장에 실제로 도움이 될 만한 정확한 정보를 선호합니다.

또 자기효능 기대는 사람들의 피드백에 따른 동기부여와 반응에도 영향을 끼치지요. 사람들은 정보를 있는 그대로 받아들이지 않고 언제나 해석을 합니다. 특히 회사에서 업무를 얼마나 잘 수행하고 있는지에 관한 개인별 평가가 포함된 피드백은 다양한 감정을 불러일으킬 수밖에 없는 민감한 정보입니다. 그래서 같은 내용의 피드백을 놓고도 사람들은 제각각 다른 해석을 합니다. 피드백과 피드백에 대한 반응은 자기조절에서 매우 중요한데, 목표 달성과 관련된 자기 성과에 대한 기대는 목표 지향적 활동을 하는 동안 감정적 반응을 결정하는 주요한 요소이기 때문입니다. 이러한 감정적 반응은 자기조절을 강화하기도 하고 약화시키기도 합니다.[27] 목표에 미치지 못하는, 성과가 없는 수행을 한다고 생각되면 불안이나 우울 같은 감정 상태가 되어 부정적 생각과 행동을 해서 자기조절에 실패할 수 있지요. 반면에 목표를 향한 과정을 잘 수행하고 있다는 믿음이 있으면 심리적으로 활력이 생겨 인내력이 높아집니다. 이때 수행 과정에 대한 피드백은 목표 달성을 촉진할 뿐만 아니라, 자기효능 기대와 수행의 관계를 조절합니다. 피드백은 사람들이 자신의 수행에 얼마나 진전이 있는지 구체적으로 모니터링하게 돕고,[28] 자신이 해내려는 목표와 현재 처한 어려움을 생생하게 대비하는 심리대조를 더 많이 하도록 촉진하는 효과가 있습니다.[29]

자기효능 기대는 문제 해결과 의사결정에도 영향을 끼칩니다. 특히 복잡한 의사결정을 앞두고 있을 때 그 문제를 풀 수 있다는 자신감이 높은 사람은 자신의 인지능력을 의심하는 사람에 비해 명확하게 생각하고 더 나은 의사결정을 합니다. 문제가 발생했을

2부 | 실행력을 높이는 예측

때 자기효능 기대가 높은 사람은 일이나 상황에 무슨 문제가 있는지 주목하기 때문에 해결에 집중할 수 있지요. 반면 자기효능 기대가 낮은 사람은 자신에게 무슨 문제가 있나 생각합니다. 예전에 잘못한 일을 떠올리거나 진작 그랬어야 했다며 스스로를 질책하는 등 자신을 평가하기 바빠 정작 문제 해결에 주의를 집중하지 못합니다. 실패의 원인을 어디로 돌리는가에서도 각기 다른 경향을 보입니다. 자기효능 기대가 낮은 사람은 자신의 능력이 부족해서 실패했다고 여기기 때문에 실패를 전반적이고 지속적인 부정적 신호로 받아들여, 미래에도 잘하지 못할 거라는 부정적 예측을 할 가능성이 높습니다.[30] 반면 자기효능 기대가 높은 사람은 실패의 원인을 일시적 노력 부족, 훈련 부족으로 여기기 때문에 성공과 실패가 상황에 따라 얼마든지 달라질 수 있다고 생각합니다.

목표를 설정하는 방식에도 차이가 나타납니다. 자기효능 기대가 높은 사람은 성취목표(자신의 능력을 보여주기 위한 목표)보다는 학습목표(자신이 발전하고 있음을 스스로 확인하기 위한 목표)를 선호하는 경향이 있는데, 이로 인해 도전을 즐기고 배움에 더 적극적인 태도를 취합니다. 어려운 과제가 주어졌을 때에도 경험과 배움에 더 큰 의미를 두기 때문에 실패를 두려워하지 않고, 부정적 피드백에 민감하게 반응하지 않는 경향이 있습니다.[31] 이에 관해서는 다음 장에서 더 살펴보도록 하겠습니다.

자기효능 기대의 함정과 조건

여기까지 읽은 분들은 이런 생각을 할지도 모르겠네요. 자기효능 기대를 높이기만 하면 다 되는 걸까? 높은 자기효능 기대는 스트레스 덜 받고 노력도 덜 하면서 원하는 대로 모든 것을 척척 해내는 능력을 가져다주는 마법 지팡이일까? 물론 그렇지는 않습니다. 과유불급이라는 말처럼 여기에도 주의해야 할 함정이 있습니다.

첫째, 자기효능 기대는 현실적이어야 합니다. 비현실적으로 높은 기대를 갖고 도달하기 힘든 목표를 추구하면서 끝없이 자신을 가혹하게 몰아붙이는 사람을 종종 볼 수 있습니다. 과거 경험에 비추어보아 전혀 근거가 없는데도 자신감이 과도하거나, 미래는 지금까지와는 다를 것이라는 맹목적 희망에 치우친 사람은 오히려 자기효능 기대가 떨어지는 결과를 낳아 실패할 가능성이 높습니다. 단기간에 너무 많은 것을 해내려 하거나, 한꺼번에 급격히 자신을 변화시키려는 시도는 이른바 '헛된 희망 증후군'[32]에 해당하기 때문에 주의해야 합니다.

둘째, 실행과 노력이 뒤따르지 않는 자기효능 기대는 자기를 속이는 것에 불과합니다. 당연한 얘기지만, '할 수 있다'는 믿음보다 진짜로 '하는 것'이 더 중요하니까요. 물론 자기효능 기대가 높으면 목표 추구에 필요한 행동과 절차를 더 잘 파악하고, 실행률도 높습니다. 그러나 자기효능 기대가 실행을 100퍼센트 보장하는 것은 아닙니다. 목표 달성을 위한 구체적인 방법과 기술, 지식 등 필요한 요소들을 갖추지 않으면 아무리 긍정적인 믿음이어도 무의미합니다.

셋째, 자기효능 기대가 높은 사람들 중 이따금 자신의 능력을 실제보다 높게 지각하는 경우도 있습니다. 그러면 '내가 웬만한 전문가들보다 더 잘 안다'거나 '충분히 혼자서 해낼 수 있다'는 생각에 필요한 도움을 제때 요청하지 않아서 오히려 좋지 않은 결과를 낳기도 합니다.

기대가 미래를 만든다

자신의 행동이나 환경, 생각, 감정을 잘 조절할 수 있다는 느낌은 건강하고 행복한 삶을 위해 꼭 필요합니다. 생각과 행동, 감정이 잘 조절되고 내 주변의 세상이 어느 정도 예측 가능하고 통제할 수 있다고 느낄 때 사람들은 더 가치 있는 목표를 추구하고, 건강한 관계에 헌신하며, 삶에 대한 만족도가 높아집니다.[33]

자기효능 기대는 미래의 결과를 예측할 때 중요한 역할을 합니다. 자기효능 기대가 높은 사람일수록 일이나 학업, 여러 가지 계획과 행동이 더 좋은 결과를 낳을 것이며, 그리하여 미래는 더 나아질 수 있다고 생각합니다.[34] 자기효능 기대는 운동, 식단조절, 스

트레스 관리, 금연 성공, 만성통증에 대한 긍정적 대처와도 밀접한 관련이 있습니다.[35]

앞에서 살펴보았듯 자기효능 기대는 의도와 행동의 간극을 줄이는 데에도 중요한 역할을 합니다. 아무리 의도가 좋아도 실행이 자동으로 이루어지지는 않지요. 의도와 행동은 별개의 프로세스입니다. 좋은 의도가 있어도 계획을 적절하게 짜지 못하거나, 계획은 잘 세웠는데 계획대로 실행하지 않아 목표를 이루지 못하는 경우가 많습니다. 자기효능 기대가 높은 사람은 의도에 맞게 계획하고, 계획을 실행으로 옮기는 비율 또한 높습니다.[36]

그러면 이제 이런 질문이 남습니다. 자기효능 기대를 높이려면 어떻게 해야 할까요? 자기효능 기대가 낮은 사람은 도전적인 과제나 어렵게 느껴지는 상황을 피하려고 하기 때문에 직접경험을 통해 배울 가능성 또한 낮습니다. 성공 경험이 없거나 적어서 자기효능 기대가 높아질 기회조차 얻기 어렵지요. 이런 경우라면 어떻게 변화를 시도해야 할까요? 숱한 실수와 실패에 대해 어떻게 접근해야 해석을 바꾸고 기대를 바꿀 수 있을까요? 다음 장으로 건너가 살펴보겠습니다.

8장
실패와 실수를 잘 활용하려면
마인드셋

좌절을 하더라도 시간이 지나고 상황이 바뀌면
다시 성장하고 발전할 가능성을
스스로 찾아가는 힘이 성장 마인드셋입니다.

뭔가를 잘하려면 많이 해봐야 합니다. 많이 하다 보면 시행착오도 당연히 늘어납니다. 아무것도 안 해야 실수나 실패가 없으니까요. 아이들을 보면 명확히 알 수 있습니다. '잘한다! 잘한다!' 하면 더 하기 때문에 결과적으로 더 잘하게 되고, '못한다! 못한다!' 하면 하기 싫어져서 안 하니까 더 못하게 됩니다. 물론 무언가를 배우고 익히는 데는 개인의 역량 차이가 분명 있습니다. 더 빨리 배우거나 조금만 연습해도 능숙해지는 일이 있는가 하면, 남들보다 두 배 세 배 노력해야 겨우 따라갈 수 있는 일도 있습니다. 하지만 경험 부족, 연습 부족, 노력 부족으로 잘하지 못하는 것을 '능력 부족'이라 서둘러 덮어버리면서 지레 포기한 적은 없나요?

앞 장에서 보았듯이, 자기효능 기대가 낮으면 실패에 취약합니다. 그럼 실행력이 낮아지고 도전을 피하는 악순환이 이어지죠. 이 악순환의 고리를 끊을 때 우리에게 필요한 것은 무엇일까요?

끝까지 해내는 힘

모두가 성공을 원합니다. 잘하고 싶어합니다. 들인 노력이나 시간이 헛되지 않도록 좋은 결과가 나오기를 바랍니다. 하는 일마다 실패하기를 바라는 사람은 없지요. 그런데 성공을 향한 강한 열망만큼 실수와 실패를 견디는 힘이 강한 사람은 많지 않습니다.

미래를 생각할 때 밝고 힘찬 느낌이 들 수도 있지만 어둡고 두려운 기분, 막막하고 모호한 생각이 들 수도 있습니다. 잘 안 될까 봐, 잘 못할까 봐, 좋지 않은 결과를 빚을까 봐 걱정만 많아지기도 하지요. 나이 들고 경험이 쌓이면서 심리적 여유와 관조하는 태도가 생기기도 하지만, 상처로 인한 두려움으로 위축되는 경우도 많습니다. 그러면 행동반경이 줄어들고 시야도 좁아지면서 같은 패턴의 생각과 행동에 갇힐 수 있죠. 삶을 보는 관점은 실수, 실패, 역경, 좌절을 어떻게 해석하느냐에 따라 크게 달라집니다. 내 경험에 대한 해석이 곧 새로 일어날 일들에 대한 예측이 되기 때문에, 무엇을 어떻게 보느냐에 따라 완전히 다른 세상을 살게 된다고 해도 과언이 아니지요. '마인드셋mindset'이란 나 자신에 대한 해석과 예측의 핵심입니다.

사람은 안 변해 vs 누구나 변해

여러분은 자신의 성격이나 능력에 대해 어떻게 생각하나요? 어느 정도 정해져 있어서 잘 바뀌지 않는다고 믿나요, 아니면 배움과 경험을 통해 나아질 수 있다고 믿나요? 이러한 믿음의 차이가 실제 삶에 어떠한 영향을 끼치는지 오랫동안 연구해온 스탠퍼드대학교의 심리학자 캐럴 드웩Carol Dweck은 전자를 고정 마인드셋fixed mindset, 후자를 성장 마인드셋growth mindset이라고 부릅니다. 지난 30년간의 연구를 통해 밝혀진 결과들 중 핵심만 간추리면 다음과 같습니다.

1. 두 가지 마인드셋은 사람들을 각각 다른 목표로 이끕니다. 성장 마인드셋을 가진 사람은 삶을 앞으로 나아가는 과정으로 보기 때문에 새로운 도전을 즐기고 자신을 발전시키는 배움에 중점을 두는 목표를 선호합니다. 반면 사람은 잘 바뀌지 않으며 개인의 능력과 특성도 대체로 정해져 있다고 믿는 고정 마인드셋을 가진 사람은 자신이나 타인의 능력이 얼마나 되는지 판단하는 것에 익숙해서 지금 당장 잘한다고 인정받는 것을 중시하여, 결과 중심의 목표를 선호하는 경향이 있습니다.

2. 일이 뜻대로 되지 않거나 위기나 난관에 처했을 때 두 가지 마인드셋은 각각 다른 해석과 감정을 낳습니다. 성장 마인드셋을 가진 사람은 배움에 초점이 맞춰져 있어서 크고 작은 어려움이나 실수를 경험하더라도 이를 학습의 과정으로 여기고 무엇을 배울지에 초점을 둡니다. 반면 고정 마인드셋을 가진 사람은 일이 잘 풀리지 않으면, 자신이나 타인의 능력이 부족하거나 뭔가 근본적인 문제가 있어서 실패했다고 여기기 때문에 좌절하기 쉽습니다.

3. 마인드셋은 교육과 훈련으로 변화할 수 있습니다. 게다가 변화된 마인드셋은 시간이 지나도 유지되어 미래에 긍정적인 결과를 끌어낼 수 있습니다.[1] 예를 들어 자신의 능력과 지능이 고정불변의 것이 아니라 충분히 나아지고 개발될 수 있다는 잠재력 개발에 초점을 맞춘 마인드셋 변화 프로그램은 학생들의 학업 성취를 높이는 효과를 보였고,[2] 성격 변화에 초점을 맞춘 성장 마인드셋 프로그램은 대인관계에 어려움을 겪는 사람들에게 대인 불안, 공격성, 스트레스 수준을 낮추는 효과가 있었습니다.[3] 또 멘토링, 워크숍, 교육 프로그램을 통해 성장 마인드셋을 배우고 확장한 사람은 학업이나 일, 인간관계는 물론, 건강관리에서도 긍정적인 결과를 이끌어냈습니다.[4]

마인드셋과 미래

미래를 바라보는 관점 또한 마인드셋에 따라 달라집니다. 고정 마인드셋을 가진 사람은 개인의 특성이나 능력, 행동이 잘 변하지 않는다고 보기 때문에 미래에도 지금과 별반 다르지 않을 거라 생각하는 경향이 있습니다. 반면 성장 마인드셋을 가진 사람은 시간이 지나면서 새로운 경험을 통해 변화하고 발전한다고 믿기 때문에 누구에게나 미래는 지금과 다를 수 있다고 여깁니다. 비슷한 경험을 하더라도 마인드셋에 따라 다르게 해석하고 다른 의미와 가치를 부여하기 때문에 다른 결정과 행동을 낳습니다.[5]

마인드셋은 환경의 영향을 많이 받습니다. 개인의 믿음은 자신이 속한 사회의 믿음에 쉽게 영향을 받죠. 가정·학교·직장 등의 문화가 개인을 쉽게 판단하기보다 발전을 격려하는 분위기일 때, 사람들은 당장의 성공이나 즉각적인 보상보다 더 크고 장기적인 안목을 가지고 배우고 성장할 수 있습니다. 현재 당면한 문제와 한계들을 넘어설 수 있으려면 새로운 생각과 동기, 자기조절의 기술이 필요합니다. 변화를 시도하려면 무엇보다 더 나은 미래, 더 나은 자신이 될 수 있다는 믿음이 있어야겠죠.

전반적 마인드셋 vs 영역별 마인드셋

그렇다면 한 사람이 어떤 영역에 대해서는 성장 마인드셋을, 또 다른 영역에 대해서는 고정 마인드셋을 갖는 것이 가능할까요? 물론입니다. 영역별, 분야별로 마인드셋이 달라질 수 있습니다.[6] 예를 들어 지능은 잘 안 바뀐다고 믿는데 성격은 바뀐다고 생각하거나, 창의력은 개선하기 어려워도 사고력이나 논리력은 충분히 개발할 수 있다고 생각할 수 있습니다. 영역에 상관없이 전반적인 성장 마인드셋이나 고정 마인드셋이 형성되어 있을 수 있고, 능력·성격·지능·대인관계 등 영역이나 주제에 따라 각각 다른 마인드셋을 갖기도 합니다. 특히 영역별 마인드셋은 해당 영역의 성취 결과를 더 잘 예측할 수 있습니다. 실험 결과 전반적 마인드셋보다는 분야별 마인드셋이 수행 결과에 더 직접적인 영향을 끼치는 것으로 나타났습니다.[7]

마인드셋은 자신의 능력에 대한 믿음이 아닙니다. 잘할 수 있다는 자신감을 뜻하는 것도 아니고요. 고정 마인드셋이라고 해서 꼭 '나는 이것밖에 못해'를 의미하지는 않습니다. 사람에 따라 타고난 능력이 어느 정도 정해져 있다고 믿지만, 자신은 매우 높은 수준에 있다고 생각하는 사람도 있으니까요.[8] 마인드셋은 '잘하고 못하고' '능력이 있고 없고'의 문제가 아니라 가변적이라 생각하는가, 아닌가의 문제입니다.

또한 마인드셋은 어느 정도 일관된 믿음이지만 상황에 따라 일시적으로 변할 수 있습니다. 예를 들어 성장 마인드셋을 가지고 꾸준히 노력해온 사람이라 하더라도 상사에게 심한 비난을 여러 차례 들으면 힘이 빠지겠지요. 과제가 너무 어려워 아무리 노력해도 희망이 보이지 않는다면 일시적으로 '내가 이것밖에 안 되나?' 좌절하며 앞으로 나아질 수 있을지 회의감이 들기도 합니다. 하지만 이런 경우에도 시간이 지나고 상황이 바뀌면 다시 성장하고 발전할 수 있는 가능성을 스스로 찾아가는 힘이 성장 마인드셋입니다.

하지만 고정 마인드셋을 버리고 성장 마인드셋을 가져야 한다는 식의 흑백논리로 이해해서는 안 됩니다. 업무를 하면서 어떤 능력이 부족하다고 느낄 경우, '이 능력의 40퍼센트는 고정되어 있다고 보지만 60퍼센트는 성장할 수 있다고 믿는다'처럼 상대적 비중의 차이로 이해해야 합니다. 마인드셋은 이것 아니면 저것을 선택하는 문제가 아니라 연속선상에 놓여 있는 개념입니다.

마인드셋에 따라 목표도 달라진다

한편 목표나 바람도 마인드셋에 따라 달라질 수 있습니다.

사람의 능력이 어느 정도 정해져 있다고 믿는 사람은 자신과 타인의 능력이 얼마나 되는지 평가하는 성향이 강합니다. 새로운 일을 만날 때마다 자기 능력으로 해낼 수 있을지 따져봐서 잘하지 못할 것 같은 일은 회피하거나 포기하기 쉽습니다. 도전하여 새로 배우기보다는 실수하거나 실패해서 자신의 능력 부족이 드러나지 않도록 주의하는 쪽에 더 초점을 두기 때문이죠.

반면 누구나 배우고 익혀서 능력이 나아질 수 있다고 믿는 사람은 자신과 타인을 섣불리 평가하지 않으며, 설령 평가를 받는 상황이라 하더라도 그 내용에 큰 의미를 두지 않는 경향이 있습니다. 주어진 일을 당장 잘해내야 한다는 부담감이 적기 때문에 유능하다는 것을 타인에게 보이고 인정받기 위해 애쓰기보다 미래에 되고 싶은 자신의 모습을 향해 장기적인 관심과 노력을 기울입니다.

마인드셋이 학생들의 학업에 끼치는 영향에 관해서는 많은 연구가 이루어져왔습니다. 성장 마인드셋을 가진 학생은 배움 그 자체에 초점을 맞추기 때문에 도전하려는 동기가 높고 학업에 적극적으로 임하지만, 고정 마인드셋을 가진 학생은 성적 자체를 중시하기 때문에 난이도가 높은 과제를 만났을 때 쉽게 포기하거나 소극적으로 대처해 결과적으로 학업 성취도가 떨어지는 경향을 보입니다.[9]

능력은 가변적이기 때문에 배워서 더 잘할 수 있다고 믿으면 배우려는 동기가 높아지게 마련입니다. 반면 사람마다 능력이 정해져 있어서 발전에 한계가 있다고 믿으면, 배우려는 동기보다는 자기 약점이나 능력 수준을 들키지 않으려는 동기가 더 높아집니다.

그래서 고정 마인드셋을 가진 사람은 새로운 기회가 와도 심리적 부담을 느껴 배움의 기회를 충분히 활용하지 못합니다.[10]

게다가 고정 마인드셋을 가진 사람들 중 자신감이 지나치게 높은 경우에는, 자신에 대한 좋은 평가를 유지하기 위해 어려운 도전 과제는 회피하고 상대적으로 쉽고 만만한 과제들만 골라서 하려는 경향을 보입니다. 성장하는 것은 없는데 자신의 능력을 왜곡해서 매우 높게 평가하기 때문에 더욱더 발전하기 어렵습니다. 어려운 과제를 어렵다고 인정하고 열린 마음으로 받아들여야 더욱 유연한 태도로 배우고 새로운 통찰을 얻을 수 있습니다. 성장 마인드셋은 자신의 능력에 대해서도 과장하지 않고 훨씬 더 현실적으로 바라보게 합니다.[11]

실수에 유연하게 대처하는 자세

고정 마인드셋을 가진 사람은 학업 성적이나 일의 성과가 좋지 않을 때 자신의 능력이 부족해서 그런 결과가 나왔다고 생각하는 경향이 있습니다. '머리가 나빠서' '실력이 부족해서' 그것밖에 하지 못한다고 낙담합니다. 반면 성장 마인드셋을 가진 사람은 배우고 노력하면 나아질 거라고 생각하기 때문에 난이도가 높은 과제를 만나더라도 쉽게 좌절하거나 포기하지 않습니다. 대학생들의 마인드셋과 자존감, 성적의 변화 추이를 살펴본 한 종단연구에 따르면, 고정 마인드셋을 가진 사람은 성장 마인드셋을 가진 사람에 비해 시간이 지남에 따라 점점 자존감이 낮아지는 것으로 나타났습니다.[12] 이러한 차이는 성적과 무관했고, 이전의 자존감 수준과도 상관이 없었습니다. 이처럼 고정 마인드셋은 지금의 실수나 실패를 자신에 대한 평가로 받아들여 마치 영원히 지속될 것처럼 여기게 하는 반면, 성장 마인드셋은 지금의 어려움과 상관없이 성장과 발전 가능성이 있다고 믿게 하기 때문에 일시적 결과에 좌우되지 않고 계속 시도하고 배울 수 있는 힘과 동기를 부여합니다.

왜 이런 차이가 나타날까요? 이에 대한 신경과학적 설명은 아직 매우 부족합니다. 다만 실수를 알아차리고 바로잡는 오류 처리 과정에 관한 연구에서 한 가지 밝혀진 사실이 있습니다. 복잡한 정보처리와 관련된 뇌의 전기생리학적 현상을 볼 수 있는 사건유발전위검사ERP를 사용해 성장 마인드셋과 고정 마인드셋 집단의 차이를 들여다보았더니,[13] 성장 마인드셋 집단에서 Pe 진폭이 크게 나타났습니다. Pe는 실수에 대한 의식적 주의 할당을 보여주는 뇌 신호인데, 그 진폭이 크다는 것은 자신의 오류를 더 잘 알아차리고 대처하는 후속 수행 능력이 높음을 뜻합니다. 이는 마인드셋이 실수를 만회하는 능력과 관련되어 있다는 사실을 잘 보여주죠. 성장 마인드셋을 가진 사람이 실수나 실패로부터 더 잘 배울 수 있는 이유는 긍정적이고 열린 태도뿐만 아니라, 좀 더 직접적으로는 실시간 오류를 알아차리고 주의를 기울이는 능력이 높기 때문일 수 있습니다. 같은 맥락에서 고정 마인드셋을 가진 사람이 오류를 회피하거나 잘 인식하지 못하는 것도 관련 뇌 영역이 덜 활성화되는 것과 관련이 있어 보입니다.[14]

요약하면, 뭔가 실수를 했을 때 그것을 인식하고 주의를 할당해 바로잡는 과정에서 성장 마인드셋을 가진 사람은 고정 마인드셋을 가진 사람보다 좀 더 유연하고 능숙합니다. 하지만 관련 연구가 아직 매우 적기 때문에 인과관계를 논하기는 어렵습니다. 추가적인 연구를 통해 두 마인드셋에서 정보 처리가 어떻게 다르게 일어나는지, 인지 과정의 차이를 밝혀낸다면 더 많은 사실을 알아낼 수 있을 것입니다.

성장 마인드셋과 자기효능 기대의 시너지

앞 장에서 우리는 자기효능 기대를 어떻게 높일 수 있을지 질문하면서 8장으로 건너왔는데, 혹시 그 답을 짐작할 수 있나요?

네, 맞습니다. 답은 성장 마인드셋입니다. 마인드셋과 자기효능 기대는 모두 자신에 대한 믿음, 자신에 관한 예측이기 때문에 직접적으로 연결되어 있습니다. 일이 쉽게 풀리는 상황에 있거나 쉬운 과제를 하고 있을 때에는 마인드셋의 차이가 두드러지지 않습니다. 하지만 당장 결과가 나오지 않는 장기 프로젝트를 맡았을 때, 자원이 부족하고 상황이 열악할 때, 과제 난이도가 높을 때처럼 힘든 상황에서는 실수와 실패도 늘어나게 마련이므로 이에 대한 태도와 해석이 매우 중요한 차이를 가져올 수 있습니다.

실패에서 배우고, 실수를 통해 익히겠다는 성장 마인드셋을 강화하면 자기효능 기대도 높아집니다.[15] 어려움이 있더라도 끝까지 밀어붙여 과제를 마무리하는 힘이 늘어납니다. 자기효능 기대에 가장 직접적인 영향을 끼치는 것은 직접경험입니다. 초반에 잘하지 못해도 계속 해나가다 보면 경험이 쌓이고 나름의 요령이 생깁니다. 결국 끝까지 해내는 힘은 실수와 실패, 어려움과 시련을 얼마나 잘 견디고 거기서 무엇을 배우는가에서 나옵니다. 자신의 경험을 모두 탈탈 털어넣어서 공부의 재료로 쓰겠다고 마음먹으면 무엇을 하든 헛된 시간은 없지요. 어떻게 바라보고 무엇을 배울 것인가의 문제입니다.

노스웨스턴대학교의 심리학자 대니얼 몰든Daniel Molden 연구팀은 마인드셋이 자기조절에 끼치는 영향을 다각도로 연구했습니다. 실험 참가자들에게 과제를 부여했을 때, 고정 마인드셋을 가진 사람과 달리 성장 마인드셋을 가진 사람은 인지적 노력으로 인한 피로를 덜 경험하고, 노력을 중단하거나 회피하는 경향이 낮게 나타났습니다.[16] 연구자들은 마인드셋이 노력과 관련된 비용과 이익을 계산하는 방식에 영향을 끼쳤기 때문이라고 해석했습니다. 똑

같이 쓴맛을 봐도 덜 쓰게 느낀다고 할까요? 성장 마인드셋은 같은 난이도의 작업을 하더라도 '덜 힘들게' 느껴지게 한다는 것입니다. 이처럼 노력에 대한 관점과 태도가 어려운 과업이나 도전적인 일을 할 때 자기조절에 대한 동기를 더 오래 지속시키는 것이죠. 몰든 교수는 교육과 연습을 통해 성장 마인드셋을 키움으로써 간접적으로 자기조절 능력을 높일 수 있다고 주장합니다.

마인드셋은 한마디로 '어려움으로 인한 불편감을 어떻게 받아들이고 해석'하느냐의 문제입니다. 위협으로 느낀다면(고정 마인드셋) 실수나 실패가 부정적인 결과로 인식되어 목표를 포기할 수 있죠. 반면 배움과 성장의 기회로 본다면(성장 마인드셋) 목표를 향한 긴 여정에서 시행착오는 당연히 겪어야 하는 필수 코스로 여깁니다. 따라서 새로운 경험을 쌓으면서 배우고 발전해나가는 데에는 성장 마인드셋이 훨씬 유리합니다.

성장 마인드셋을 기르기 위해 거창한 교육이나 대단한 훈련이 필요하지는 않습니다. 힘든 처지에서도 희망을 포기하지 않고 자신의 길을 개척하는 사람들의 이야기, 자신만의 목표와 전략을 세우고 꾸준히 실행하여 성장을 이루어낸 사람들의 이야기를 읽는 것만으로도 성장 마인드셋을 기를 수 있습니다.[17] 또 함께 일하는 동료, 함께 공부하는 친구와 서로 성장 마인드셋을 키워줄 수 있습니다. 누군가와 같이 뭔가를 하는 방식을 선호하는 분이라면 목표와 계획을 세우고 친구들과 공유하세요. 그리고 서로의 여정을 지켜보면서 성장 마인드셋에 초점을 맞춘 대화를 해보세요. 예를 들어 "너 그거 잘하잖아"보다는 "점점 더 나아질 거야" 또는 "너는 성장을 포기하지 않을 거야"와 같은 대화가 더 좋습니다. 실수나 실패, 좌절과 시련을 경험할 때에는 '우리가 여기서 무엇을 배울 수 있을까?'와 같은 접근이 필요합니다.

7장의 자기효능 기대, 8장의 마인드셋은 모두 미래의 나를 시뮬레이션하고 예측하는 것과 관련된 내용이었습니다. 자기조절에 대한 믿음과 관련이 있는 개념들이죠. 마지막 9장에서는 자기조절의 방향과 기준으로 삼을 만한 우선순위에 대해 알아봅니다. 누구나 생각만 하다가 실행하지 못할 수 있습니다. 여건이 안 되어서 그럴 수도 있지만, 우선순위가 명확히 정리되지 않아 일어나는 일이기도 합니다. 자신이 가치 있게 여기는 것과 우선순위가 일치해야 잘 실행할 수 있습니다. 사람들은 너무 많은 목표를 동시에 추구하다 보니 이러한 기본적인 사실을 종종 잊습니다. 서로 상충하는 목표들을 갖고 있어서 혼란스러워할 때도 있지요. 우선순위는 적을수록 좋습니다. 자신에게 중요한 핵심 가치들과 관련이 있으니까 많을 수도 없지요. '내가 뭘 원하는지 모르겠다'는 분들은 자신의 경험을 돌아보며 천천히 읽어보세요. 방향에 대한 실마리를 찾을 수 있을 것입니다.

FUTURE
SELF

9장
자기조절의 방향과 기준
우선순위

삶이라는 급류에 휩쓸려가지 않게 지켜주는 우선순위가 있나요?
자신이 추구하는 가치의 우선순위가 정리되어야
목표를 적절하게 세울 수 있습니다.

지금까지 미래에 대한 생각이 현재에 어떤 영향을 끼치는지, 과거에 대한 해석과 지금의 생각들이 미래 행동에 어떤 영향을 끼칠 수 있는지 살펴보았습니다. 이따금 우리는 먼 미래를 염두에 둔 계획을 세워보기도 합니다. 하지만 당장의 현실적인 문제들에 치여 후순위로 밀려나거나 잊히는 계획도 많지요. 물리적으로도 정신적으로도 자원은 한정되어 있는데, 신중하게 생각해서 행동해야 하는 일들은 계속 벌어집니다. 그러다 보니 내가 애초에 뭘 꿈꾸었는지, 무엇이 중요했는지 기억이 가물가물해서 아무 목표도 남아 있지 않은 것처럼 생각될 때도 있습니다.

힘들고 괴로운 일이 있어도 '내가 이 방향으로 가고 있구나' '살면서 이것만큼은 꼭 지키고 싶다' '누가 뭐래도 내게는 중요한 의미가 있어'와 같이 뚜렷한 기준을 갖고 있다면 그 와중에도 더 나은 선택과 실행을 할 수 있죠. 생각할 여력이 없거나 신중하게 판단하기 어려운 순간에도 멀리서 길을 밝혀주는 등대가 바로 우선순위입니다.

일이나 관계 등 모든 영역에서 위기는 대개 '우선순위'를 재설정하라는 신호입니다. 우선순위에 뭔가가 잘못되었으니 바꾸라는 뜻이죠. 신호를 잘 읽어서 재설정하면 위기는 더 나은 미래로 가는 기회로 작용합니다. 하지만 신호를 무시하거나 계속 회피하면 나중에는 커다란 구멍을 메우기가 불가능하지요.

삶이라는 급류에 휩쓸려가지 않게 지켜주는 우선순위가 있나요? 이제 우선순위를 명확히 하고 그에 맞추어 목표를 잘 세우는 법을 확인하면서 지금까지의 내용을 정리해보려 합니다.

내가 왜 이걸 하려는 거지?

인터넷과 스마트 기기의 발달로 어떤 정보든 빠르게 구할 수 있는 시대입니다. 원하는 것을 어떻게 구할지, 어떻게 해낼지는 어렵지 않게 알아낼 수 있습니다. 하지만 '왜' 해야 하는지는 검색으로 알아낼 수 없습니다. 주변에 물어봐도 답을 찾을 수 없지요.

내 삶에서 무엇이 정말 중요하고 무엇은 덜 중요한지 아무도 가르쳐주지 않습니다. 경험을 통해 직접 알아내야 하지요. 좀 더 만족스러운 삶을 위해 목표에 따른 자기조절을 해내기 위해서는 우선순위를 먼저 정리해야 합니다. 군중심리나 집단적 사고에 휩쓸리기 쉬울 때 중심을 잡게 해주고, 당장 어려움이 있더라도 멀리 보며 방향을 잡고 갈 수 있게 해주는 것이 우선순위입니다.

인간은 끊임없이 무언가를 추구하면서 움직이는 경향이 있지요. 내게 무엇이 중요한지 가치에 따른 우선순위가 없다면 일시적인 쾌/불쾌나 유불리를 따질 수밖에 없습니다. 좋으면 다가가고 싫으면 피하면서 비슷한 패턴을 반복하게 되지요. 그러다 보니 계속 애쓰면서 뭔가를 해왔는데 어느 날 돌아보면 뭐 하나 이룬 것이 없는 듯해 허망하기도 합니다. 그런 순간에 우리는 학교에서도 가르쳐주지 않고 회사에서는 더더욱 가르쳐주지 않는 '삶의 목적'이나 '의미'에 대해 의문을 품기 시작하지요. 책을 읽거나 강의를 듣거나 멘토와 대화를 나누며 자신을 발견하고 이해하고자 합니다.

'내 삶에서 무엇이 가장 중요하지?' '내가 왜 이 일을 하려는 거지?' 같은 물음은 주관적 가치를 발견하도록 촉진하는 중요한 질문들입니다. 특히 어려운 일을 겪거나 자원이 충분치 않을 때 뭔가를 선택해야 하는 상황에 놓이면 결정적으로 중요한 기준이 되는 것이 우선순위입니다.

1장에서 후회를 덜 하기 위한 방법에 대해 설명했지만 사실 아주 간단한 방법이 있어요. 우선순위와의 일치도를 따져 선택하는 것입니다. 예를 들어 우선순위 1, 2, 3 항목이 있는데 지금의 선택지가 그중 어느 항목과 얼마나 일치하거나 배치되는지 따져보는 것이지요. 아무리 좋아 보이고 유리한 것이라 해도 자신의 우선순위에 도움이 되지 않거나 오히려 방해가 된다면 선택하지 않아야 합니다. 시간이 지나면서 처음 보았던 환상과 기대감은 줄어들게 마련이고 예상하지 못한 변수들이 등장하면서 애초의 생각대로 일이 잘 풀리지 않을 때가 많지요. 어느 정도의 이익과 즐거움을 포기하더라도 우선순위에 부합하는 결정을 내리면, 최소한 삶의 중심이 흔들릴 만큼 후회할 일은 줄어듭니다.

나의 우선순위: 모든 것을 잘할 수는 없다

물론 우선순위는 바뀔 수 있습니다. 나이에 따라, 직업에 따라, 만나는 사람에 따라, 처한 환경에 따라 조금씩 바뀝니다. 그에 맞추어 정기적으로 자신의 우선순위와 가치들을 점검하는 것이 좋은데, 특히 변화가 많은 환경에서 빠른 의사결정을 해야 할 경우 평소 우선순위가 명확히 정리되어 있으면 후회 없는 선택과 실행에 도움이 됩니다.

우선순위의 예로는 이런 것이 있겠지요. 일/직업적 성공, 만족스러운 관계, 여가와 취미, 심신의 건강, 사회적 인정이나 승인, 종교활동, 마음의 평화, 즐거움과 재미, 경제적 안정, 정치 참여, 지속적인 배움과 성장.

이 외에도 다양한 가치와 우선순위가 있을 수 있는데, 추상적이고 큰 범주보다는 구체적이고 작은 범주가 더 좋습니다. 예를 들어 '좋은 회사에 다니고 싶다'고 할 때에는 자신에게 좋은 회사란 어떤 회사인지 구체적으로 적어봅니다. 회사의 사업 방향이나 철학이 좋아서 입사했지만 정작 출퇴근에 3시간씩 걸린다면 점차 초심을 잃겠지요. 앞에서 말한 상위 수준의 해석만 할 경우에 이런 일이 벌어집니다. 현실적 가능성이나 조건들을 소홀히 여긴다면 무엇을 선택하든 그대로 실행하기 어렵겠지요.

또한 '관계가 중요하다'고 추상적으로 생각하기보다는 어떤 관계가 중요한지 구체적으로 자신에게 설명해보는 것이 좋습니다. 가족, 연인, 친구, 동료, 선후배, 이런저런 커뮤니티의 다양한 관계들 중에서 나의 시간과 노력을 우선적으로 들여 살피고 가꾸어야 할 관계를 생각해봅니다. 물론 모두를 배려하고 누구에게나 친절하면 가장 좋겠지요. 하지만 현실적으로 쉽지 않습니다.

'그냥 내 얘기를 들어주고 공감해주는 게 그렇게 어려워?'라는 말을 쉽게 하는 분들이 있습니다. 하지만 공감은 많은 인지적 노력이 필요한 쉽지 않은 행위입니다. 우리는 종종 공감을 슬쩍 피하지요. 때로는 귀찮은 일에 말려들거나 부담스러운 부탁을 받을까 봐 피하기도 하지만, 좀 더 근본적으로는 공감 그 자체가 상당한 인지적 노력을 요구하기 때문입니다.[1] 이는 관계에서도 우선순위 설정이 필요한 이유가 됩니다.

우리의 역량과 자원은 한정되어 있는데 모든 일을 다 잘하려고 애쓰다가는 결국 어떤 일에서는 중요한 것을 놓치고 말지요. 전부 중요하다고 생각하는 사람은 어쩌면 중요한 것이 뭔지 잘 모르는 것일 수 있습니다. 자신의 가치와 우선순위에 관해 많이 생각해보지 않았다면 다음 단계를 따라 정리해보는 것도 도움이 됩니다.

나에게 더 중요한 것 찾아보기

step 1. 다음 단어 중에서 '현재의 나를 잘 표현해준다'거나 '지금의 나에게 중요하다'고 생각되는 단어를 골라주세요. 부족하니까 길렀으면 좋겠다고 생각되거나 더 필요하거나 바람직하다고 여기는 것이 아니라, 지금의 나와 '가까운' 것을 고릅니다. 총 28개 단어 중 10개만 골라봅니다.

안정적인	도전하는	현실적인	창의적인	공감하는
용기 있는	융통성 있는	섬세한	효과적인	지지하는
신뢰하는	독립적인	배려하는	자유로운	존중하는
공정한	성취 지향의	자제력 있는	관대한	단도직입적인
친절한	성장하는	예의 바른	성실한	협력하는
감사하는	이타적인	문제 해결을 잘하는		

step 2. 다음 사분면에 단어들이 배치되어 있습니다. 내가 고른 10개의 단어가 각각 어디에 속하는지 살펴봅니다.

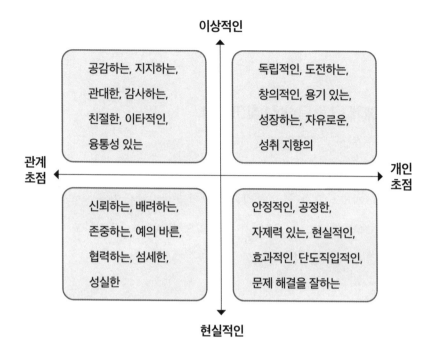

step 3. 어느 사분면의 단어들을 가장 많이 골랐나요? 각 사분면의 특성을 해석하면 다음과 같습니다.

가로축은 개인과 관계 중 어느 쪽에 더 초점을 두는지, 세로축은 이상적이거나 현실적인 가치들 중 내가 어느 쪽에 더 중점을 두는지 나타냅니다. 현재의 내가 중시하거나 나와 가깝다고 여기는 단어들이 오른쪽 상단의 1사분면에 많이 있다면 비교적 개인 초점의 이상적 가치를 추구한다고 볼 수 있습니다. 왼쪽 상단의 2사분면에 많이 들어 있다면 관계 초점의 이상적 가치를 추구하는 것이

고요. 왼쪽 하단의 3사분면의 단어들을 많이 골랐다면 관계 초점의 현실적 가치들을 더 추구한다고 볼 수 있습니다. 마지막으로 오른쪽 하단의 4사분면에 주로 들어 있다면 개인 초점의 현실적 가치들을 상대적으로 더 중시한다고 볼 수 있지요.

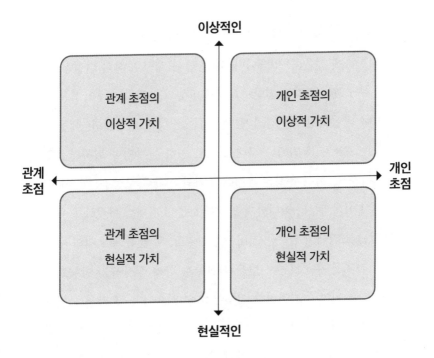

여러분은 어떤 가치를 최우선으로 하나요? 독립적인 삶? 공감하는 삶? 신뢰하고 신뢰받는 삶? 안정적인 삶?

물론 두 개 이상의 범주에 6:4 또는 4:3:3의 비율로 골고루 분포될 수도 있고, 어느 한쪽이 우세할 수도 있습니다. 이것은 80개의 단어를 제시하여 빈도가 높게 응답된 것들을 간추려 범주화한 결과입니다. 2022년 9월에 대한민국에 거주하는 30~50대 200명을 대상으로 두 차례의 온라인 설문조사를 통해 가장 많이 표기된 보편적 응답들만 포함시키다 보니 누락된 가치들도 있습니다.

어떤 가치를 추구하는지 자신의 우선순위가 정리되어야 목표를 적절하게 세울 수 있습니다. 예를 들어 개인 초점의 현실적 가치를 추구하는 사람은 집단주의에서 비롯되는 책임 소재의 불분명함이나 비합리성에 민감하게 반응하는 경향이 있습니다. 에둘러 말하는 모호한 화법이나 사내 정치로 인한 불투명한 의사결정을 싫어하지요. 이런 유형은 공정한 절차와 명확한 보상을 중시하며, 자신이 어디서부터 어디까지 일해야 하는지 경계를 뚜렷하게 세울 수 있는 조건에서 일하는 것이 적합하지요. 한편 관계 초점의 이상적인 가치를 추구하는 사람은 사람들과 함께 성장하는 방향으로 목표를 세워야 동기부여가 이루어질 수 있습니다. 혼자서 무언가를 계산하거나 분석하는 일만 지속적으로 해야 한다면 의미를 찾기 어려울 것입니다. 실용성만 중시하는 문화도 맞지 않지요. 어떤 가치가 더 우월한가의 문제가 아닙니다. 중요한 것은 자신이 추구하는 가치의 방향과 현재 처한 상황이 차이가 클 때 삶에 대한 만족도가 낮아지고 동기가 떨어질 수 있다는 사실입니다. 만약 그렇다면 보완할 방법을 찾는 것이 좋습니다.

목표를 제시하는 법

가치에 대한 우선순위가 정해지면 그에 일치하도록 목표를 세웁니다. 목표는 종종 스트레스를 유발합니다. 자신의 능력이나 상황에 따라 사람들은 높은 목표를 도전으로 여기기도 하고, 위협으로 느끼기도 하지요. 따라서 목표를 제시할 때는 제시 방식, 난이도, 방향성, 이 세 가지를 고려해야 합니다.

먼저 목표 제시 방식부터 살펴볼까요? 한 연구에서는 참가자들을 두 집단으로 나누어 아래와 같이 설명함으로써 각각 도전적 상황과 위협적 상황을 만들었습니다.[2]

"여러분은 이전 참가자들 중 15퍼센트만 성공했던 과제를 수행할 것입니다. 여기서 제일 높은 점수를 받는 다섯 명만 뽑겠습니다." (도전)

"여러분은 이전 참가자들 중 85퍼센트가 실패했던 과제를 수행할 것입니다. 여기서 제일 낮은 점수를 받는 다섯 명만 뽑겠습니다." (위협)

실제로 어려운 과제가 주어졌을 때 '도전' 집단이 '위협' 집단보다 더 나은 수행 결과를 보였습니다. 이처럼 비슷한 능력을 갖고 있다 하더라도 목표를 위협으로 받아들이는 사람은 목표를 도전으로 해석하는 사람보다 성과가 낮게 나오는 경향이 있습니다. 리더가 지나치게 높은 목표를 제시하며 끊임없이 압박하거나, 피하기 힘든 실수들에 대해 가혹하게 비판한다면 누구라도 위협과 부담을 느끼지 않을 수 없지요.

이처럼 같은 과제, 같은 목표라 하더라도 어떻게 제시되느냐에 따라 다르게 경험됩니다. 예를 들어 사람들에게 ① "다음 문제 10개 중 8개만 맞혀보세요"라고 하면, ② "다음 문제 10개 중 2개 이하로만 틀려야 합니다"라고 안내받은 사람들보다 대개 더 좋은 성적을 냅니다. ②와 같이 부정적인 상태를 피하는 것을 목표로 설정하면, 실수에 대한 잠재적 불안과 수치심을 유발하기 때문에 과업에 집중하기 어려워집니다. 이처럼 목표를 어떻게 제시하는가 또는 어떻게 받아들이는가에 따라 같은 목표라도 다른 감정을 불러일으킬 수 있습니다. 일반적으로 부정적 상태를 피하기 위한 목표보다는 긍정적 상태로 나아가기 위한 목표가 더 좋은 성과를 낳습니다.[3]

다음은 난이도입니다. 과도하거나 부적절한 목표는 스트레스와 부담을 가중시키지만, 잘 설정된 목표는 오히려 불확실성이 낮아 스트레스를 줄여주는 효과가 있습니다. 무엇을 해야 할지 우선순위가 분명해지면, 모호함에 대한 불안이 줄어들어 과업에 더 집중할 수 있기 때문에 더 나은 성과로 이어질 수 있지요.[4] 특히 '최선을 다하자'처럼 모호한 목표보다는 구체적으로 특정한 목표가 정해졌을 때 더 좋은 성과를 내는 것으로 알려져 있습니다.[5]

한편 목표의 방향성도 영향을 줍니다. 성취목표는 결과에 대한

평가이기 때문에 목표 달성에 초점을 맞추게 하는 반면, 학습목표
는 해당 과제와 관련된 전략이나 절차를 발견하고 실행하는 것에
주의를 두게 합니다. 새로 시작하거나 복잡한 업무는 그것들을 잘
수행하려면 무엇이 필요한지를 배워야 하기 때문에 학습목표가 적
절합니다.[6] 하지만 제대로 수행하는 데 필요한 능력을 이미 갖추고
있는 일에 대해서는 오히려 학습목표가 성과를 떨어뜨리는 경향이
있기 때문에 결과 중심의 성취목표를 설정하는 것이 낫습니다.[7]

목표를 보호하는 법

목표를 정하고 추구하는 과정에서 목표가 아닌 것들은 자연스럽
게 주의 바깥으로 밀려납니다. 하나의 주된 목표에 집중하고 헌신
하는 동안은 다른 목표들을 소홀히 여기거나 이따금 잊기도 합니
다. 인간의 주의력과 에너지는 한계가 있어서, 일관된 목표를 추구
하기 위해 주의가 산만해지지 않도록 때때로 자기조절을 해야 하
지요. '주의'는 머무르는 곳마다 생각이나 감정 등의 자원들을 데
리고 다닙니다. 따라서 뇌의 입장에서는 주의의 관리가 곧 자원의
관리라 할 수 있지요. 우선순위가 아닌 기타 목표들에 대한 관심을
거두거나 억제함으로써 우선순위의 목표를 보호하는 것도 자기조
절의 중요한 항목입니다.[8]

이러한 목표 보호는 의식적 알아차림 없이 무의식적 수준에서도 이루어집니다. 목표에 헌신하는 정도가 높을수록 다른 목표를 억제하고 차단하는 능력도 더 높아지지요. 일상에서의 에너지 할당, 주의의 선택과 집중, 결정과 실행에 직간접적으로 영향을 주기 때문에 조직이든 개인이든 한정된 자원을 효과적으로 쓰기 위해서는 목표를 제대로 설정하고 지속적으로 보호해나가는 것이 무엇보다 중요합니다. 좋은 목표가 좋은 삶을 만든다고 해도 과언이 아닙니다. 그렇다면 좋은 목표란 무엇일까요?

나쁜 목표 vs 좋은 목표

그전에 나쁜 목표가 어떤 것인지 먼저 살펴보겠습니다.

1. 추상적이고 모호하다.
2. 달성할 수 없는 허황된 것이다.
3. 시기, 기한을 정하지 않았다.
4. '최선을 다하자'처럼 목표를 달성했는지 아닌지 알기 어렵다.

이 가운데 하나라도 해당하면 수정할 필요가 있습니다. 아직 목표가 제대로 설정되지 않은 상태이니까요. 구체적이고 달성 가능한 목표를 정하고, 시한을 둬야 합니다. 이 네 가지를 보완했는데도 잘 세워진 목표인지 아닌지 판단이 서지 않는다면 목표가 잘 작동하기 위한 다음 요소들이 갖추어져 있는지 확인해봅니다.

1. 달성 여부를 구체적으로 파악할 수 있어야 한다.

   "내가 목표를 달성했는지 어떻게 알 수 있는가?"

2. 과정을 정기적으로 모니터링해야 한다.

   "목표를 향해 잘 나아가고 있는지 매 순간 어떻게 파악할 수 있는가?"

3. 그 분야에 대한 지식과 기술이 충분해야 한다.

   "어떻게 그 목표에 도달할 수 있는지 방법을 알고 있는가?"

4. 자기효능 기대와 성장 마인드셋이 동반되면 더욱 좋다.

   "배우고 익힌다면 잘할 수 있다고 믿는가?"

목표와 현재 사이, 간극 드러내기

우선순위와 목표가 명확히 정리되었다면, 목표 달성을 방해하는 현재의 요소와 여건, 말과 행동의 습관 등을 점검합니다. 3장에서 우리는 심리대조의 효과를 살펴봤습니다. 바라는 상태, 곧 목표를 생생히 떠올리고, 그다음에는 현재 상황을 있는 그대로 떠올리는 심리대조를 활용합니다. 그러면 간극이 더 선명하게 보이고 어떻게 간극을 좁힐 것인지 방법을 찾을 수 있습니다. 이런 심리대조를 꾸준히 하다 보면 동기도 지속되고 실행력도 높아집니다.

하지만 장기 계획은 심리대조는커녕 계획 세우기부터 쉽지 않습니다. 왜 그럴까요? 목표란 대개 시간이 걸려 달성되는 것들입니다. 멀리 내다보고 계획한 뒤, 그 계획에 맞추어 지금 실행해야 하죠. 이 분야를 전문으로 연구해온 심리학자들은 다음과 같은 이유들 때문이라고 합니다. [9]

1. 미래는 당장의 현실이 아니니 직접적으로 와닿지 않아서

2. 현재만 감당하기에도 벅차서

3. 미래 생각을 하자니 부담되어서

4. 자동으로 이루어지는 것이 아니라 인지적 노력이 들어가는 일이라서

5. 교육·커리어·저축·투자처럼 미래를 위한 행동은 돈·시간·에너지 같은 현재의 무언가를 포기하게 하므로

미래의 나를 구하려면 우선 미래의 나를 늘 염두에 두어야겠죠. 하지만 장기적 관점을 유지하기가 쉽지 않기 때문에 사람들은 종종 목표를 회피하거나 잊습니다. 이런 현상을 극복하기 위해 지금까지 살펴본 내용들을 되새겨보면 어떨까요?

미래의 나를 구하러 가는 여정

1. 5년 뒤, 10년 뒤의 미래 내 모습 시뮬레이션하기(1장 참고)

2. 그때의 나는 어떤 기분인지, 얼굴은 어떤 표정인지 떠올려보기(2장 참고)

3. 미래의 원하는 상태와 현재 상황을 생생하게 대조하고 불일치 드러내기(3장 참고)

4. 어떤 일에 노력을 덜 들이고, 어떤 일에는 노력을 더 들일지 정하기(4장 참고)

5. 장기 목표에 부합하는 행동들이 자동으로 일어나도록 환경 설정하기(5장 참고)

6. 무엇을 어떻게 할 것인가? 왜 하려고 하는가?(6장 참고)

7. 무엇을 잘하고 싶은지, 어떻게 잘할 수 있는지, 롤모델 관찰하고 배우기(7장 참고)

8. 과거의 실패나 어려움의 의미를 정리하고 무엇을 배웠는지 기록하기(8장 참고)

9. 매달, 매년 나의 우선순위 1, 2, 3을 정리하고 목표와 계획이 우선순위와 일치하는지 점검하기(9장 참고)

`` ` ` ` ′ ′ ′

내일이라는 집

계획대로 잘 실행되지 않을 때 자신의 의지나 마음이 약하다고 생각하는 사람이 많습니다. 의도하는 만큼 자기통제가 되지 않는 것을 문제라고 여기면서 바깥에서 답을 찾으려 합니다. 감정의 동요 없이 한결같이 나아가는 '강철 멘털'이나 '마음근육'을 기르기 위해 강의를 듣고 책을 펼치죠. '지금 당신에게는 그것이 없어서 문제'라고 하면 얼른 배워서 내 것으로 만들려 합니다. 자신의 결핍과 약점을 찾아내어 그 빈틈을 메우려고 전전긍긍합니다. 이러한 방식은 자기 자신을 있는 그대로 바라보지 못하게 합니다.

필요한 것은 이미 다 주어졌다면 어떻게 하시겠습니까? 자신 안에 전부 있는데, 다만 연결이 되지 않아 잘 쓰지 못하고 있다면 어떨까요? 강의와 교육, 상담을 통해 많은 사람을 만나오면서 나는 자기 자신을 제대로 알고 있는 사람이 의외로 드물다는 사실을 알게 되었습니다. 잘 알지도 못하면서 뜻대로 되지 않는다고 스스로를 미워하고 함부로 대하죠. 성공한 사람이 갖고 있는 장점, 바깥에 있는 좋은 것을 자신에게 억지로 집어넣으려 하면서 자기 자신을 잃어갑니다.

그렇게 달리다가 불현듯 정체성에 대해 고민합니다. 삶에서 크고 작은 위기와 상실을 겪으면서 우리는 문득 걸음을 멈추고 스스로에게 묻죠. '내가 정말 원하는 게 뭐지? 내게 중요한 건 뭘까?' 무엇을 위해 그렇게 애쓰며 살아왔는지, 내 삶은 어디로 가고 있는지 의문을 품죠. 자기이해와 통합의 여정은 그렇게 시작됩니다.

'나'는 고정된 하나의 실체가 아닙니다. 자아는 여러 겹으로 이루어져 있고 끊임없이 변화합니다. 과거 어떤 시점의 나도, 미래의 나도 지금 이 순간 다 같이 살고 있습니다(실제로 우리 머릿속이 그러합니다). 내가 살아 있는 한 내 과거와 미래는 생생하게 살아 있습니다. 그 모든 지점의 다양한 자아가 손잡고 연대한다고 생각해보세요.

과거 어느 시점에서 힘들어하던 나, 문제를 해결하고 평안을 찾은 나, 기뻐하는 나, 슬퍼하는 내가 이 시공간에 함께 존재합니다. 이 모든 자아를 다 허용하고 받아들일 수 있다면 어떤 일도 공포가 되지 못합니다. 공포를 느끼는 자아가 일부 있다 하더라도 그 경험을 다 담고도 남는 더 큰 공간이 있지요. 당신이 실패자라고 느끼는 당신의 일부는 외톨이로 존재하지 않습니다. 실패했다고 비난하거나 슬퍼하는 자아들의 이야기를 경청하고 위로하면서 희망을 주는 다른 자아들이 있으니까요.

어떤 감정이나 욕망, 경험의 내용 자체가 곧 우리 자신을 뜻하지 않습니다. 우리는 그보다 훨씬 큰 존재입니다. 모든 경험이 가능합니다. 이 광활한 공간, 기나긴 여정에서 당연히 시행착오는 일어나지요. 이따금 서로 부딪히고 싸우고 갈등하며 혼란스러워하는 우리 안의 다양한 목소리, 부분, 자아, 경험을 통합해내는 과정이 결국 나답게 사는 것입니다.

궁극의 자기조절은 자기 자신에 대한 이해와 연결에서 비롯됩니다. 누구에게나 통용되는 비결이나 모든 문을 열 수 있는 마스터키 같은 것은 없습니다. 직접 삶과 맞붙는 경험을 통해 자신에게 중요한 가치와 의미를 알아가고, 다양한 실수와 실패를 통해 배우면서 자신에 대한 믿음을 한 겹 한 겹 쌓아갑니다. 목표가 허황되거나 비현실적인 것 같다면 심리대조를 통해 점검합니다. 생각만큼 실행되지 않는다면 내면 깊은 곳에서 그 목표를 믿지 않거나, 실제로 자신이 원하는 것이 아닐 수 있습니다. 그럴 때에는 과거 경험을 돌아봅니다. 어떤 순간이 내게 큰 울림을 주었나요? 어떤 일을 할 때 보람을 느꼈나요? 미래자기에게 물어봅니다. 10년 뒤의 나에게는 무엇이 중요한가요? 미래의 내가 지금의 나를 본다면 어떤 기분이 들까요?

미래가 따로 있는 것이 아닙니다. 우리 안의 일부는 이미 미래에 살고 있으니까요. 과거의 자아와 미래의 자아들은 지금의 나를 위해 존재합니다. 미래는 지금입니다. 지금 생각하는 대로 미래가 예측되고, 지금 실행하는 것이 미래가 될 테니까요. 지금 무엇을 보는가에 따라 미래가 달라진다면 무엇을 보시겠습니까? 하루하루는 기회입니다. 과거를 깊이 이해하고 미래를 더 잘 만들어가라고, 자신을 잘 가꾸라고 주어지는 기회입니다. 알베르토 리오스 Alberto Ríos의 시, 〈내일이라는 집〉의 구절처럼 말이지요.[1]

매일 우리가 새로운 날에 가져오는 것은 결국

우리 자신입니다. 그것이 우리에게 필요한 전부입니다
시작하기 위해, 계속하기 위해 필요한 모든 것입니다

꼭 필요한 만큼만 뒤를 돌아보세요
그런 뒤에는 당신이 만들 역사로 나아가세요

감사의 글

몇 년 전 《내 마음을 읽는 시간》을 출간하고 나서 여러 통의 편지를 받았습니다. 이 책 덕분에 '나 자신을 좀 더 이해하게 되었다' '깊은 위로를 받았다'라는 분들을 많이 만났습니다. 저로서는 고마운 마음이 들면서도 좀 더 실질적 전략, 자기를 잘 다루고 쓰는 기술에 관해서는 덜 다루지 않았나 늘 아쉬운 마음이 있었습니다. 이번 책은 그에 대한 응답입니다. 《내 마음을 읽는 시간》을 엄마의 마음으로 썼다면 《미래의 나를 구하러 갑니다》는 아빠의 마음으로 썼다고 할 수 있겠네요. (웃음)

뭔가를 배우고 익히는 것이 언제 결실을 볼지는 알 수 없습니다. 그러니 지금 뭔가 부족하고 마음에 들지 않더라도 자신을 너무 몰아세우지 마세요. 어리석고 유치하더라도 때로는 그것이 삶을 견디는 유일하고도 최선의 방법일 수 있지요.

책을 마무리할 때마다 고마운 얼굴들이 떠오릅니다. 책의 씨앗, 줄기, 뿌리와 이파리까지 세세히 들여다보면서 이끌어내준 더퀘스트 박윤조 부장님께 고마운 마음을 전합니다. 부장님은 저자가 할 수 없던 것도 결국 하게끔 만들어내는 최고의 편집자입니다. 기업이 처한 다양한 도전적 상황과 어려움들을 가까이에서 들여다보면서 특별한 경험을 할 기회를 주신 오가노이드사이언스의 유종만 대표님께 감사드립니다. 진심으로 정성껏 읽어주시는 독자 한문현 선생님, 박혜원 선생님, 유민정 선생님, 박유현 선생님, 박정원 선생님, 황혜나 선생님, 김관영 선생님, 이혜림 선생님, 김방미 선생님, 이영림 선생님, 이정임 선생님, 고승연 선생님, 이가희 대표님, 서민경 대표님, 허세옥 원장님 고맙습니다. 출판으로 만난 소중한 친구와 동료들, 류영호 부장님, 박창흠 대표님, 박희연 대표님, 김명숙 대표님, 계수 언니, 미연 언니, 기정, 리현! 고맙습니다. 책이 나올 때마다 여러 권 구입해서 지인들에게 선물해주시는 채우 언니, 특히 감사해요. (웃음) 이 책의 초고를 읽고 조언을 해준 성희와 주아에게도 고마움을 전합니다. 나를 길러내고 담아낸 부모님과 가족들에게 감사합니다. 무엇보다 모자란 사람에게 엄마로 성장하도록 끊임없이 기회를 주는 나의 스승이자 등불, 윤주에게 깊은 사랑과 고마움을 보냅니다.

주석

* Rosa, H. (2013). *Beschleunigung und Entfremdung: Entwurf einer kritischen Theorie spätmoderner Zeitlichkeit* (p. 135). Suhrkamp Verlag.

프롤로그

1 https://www.theatlantic.com/science/archive/2016/12/self-control-is-just-empathy-with-a-future-you/509726/

2 Soutschek, A., Ruff, C. C., Strombach, T., Kalenscher, T., & Tobler, P. N. (2016). Brain stimulation reveals crucial role of overcoming self-centeredness in self-control. *Science advances*, 2(10), e1600992.

1장 이미 와 있는 미래

1 Gardner, R. S., & Ascoli, G. A. (2015). The natural frequency of human prospective memory increases with age. *Psychology and aging*, 30(2), 209-219.

2 D'Argembeau, A., Renaud, O., & Van der Linden, M. (2011). Frequency, characteristics and functions of future-oriented thoughts in daily life. *Applied Cognitive Psychology*, 25(1), 96-103.

3 Loomes, G., & Sugden, R. (1982). Regret theory: An alternative theory of rational choice under uncertainty. *The economic journal*, 92(368), 805-824.

4 Zeelenberg, M., & Pieters, R. (2007). A theory of regret regulation 1.0. *Journal of Consumer psychology*, 17(1), 3-18.

5 Cadish, B. (2001). Damn!: Reflections on life's biggest regrets. Andrews

McMeel Pub.

6   Saffrey, C., Summerville, A., & Roese, N. J. (2008). Praise for regret: People value regret above other negative emotions. *Motivation and emotion*, 32(1), 46-54

7   Roese, N. J., & Summerville, A. (2005). What we regret most... and why. *Personality and Social Psychology Bulletin*, 31(9), 1273-1285.

8   Zeelenberg, M. (1999). The use of crying over spilled milk: a note on the rationality and functionality of regret. *Philosophical Psychology*, 12, 325-340.

9   Zeelenberg, M. (2018). Anticipated regret. In R. Parrott (Ed.), Oxford Encyclopedia of Health and Risk Message Design and Processing. New York: Oxford University Press.

10 Gilovich, T., & Medvec, V. H. (1995). The experience of regret: what, when, and why. *Psychological review*, 102(2), 379-395.

11 Loomes, G., & Sugden, R. (1982). Regret theory: An alternative theory of rational choice under uncertainty. *The economic journal*, 92(368), 805-824.

12 Saffrey, C., Summerville, A., & Roese, N. J. (2008). Praise for regret: People value regret above other negative emotions. *Motivation and emotion*, 32(1), 46-54.

13 Luan, M., & Li, H. (2019). Do maximizers maximize in private? The influence of public versus private context on maximizing. *Personality and Individual Differences*, 150, 109481; Weaver, K., Daniloski, K., Schwarz, N., & Cottone, K. (2015). The role of social comparison for maximizers and satisficers: Wanting the best or wanting to be the best?. *Journal of Consumer Psychology*, 25(3), 372-388.

14 Moyano-Díaz, E., Martínez-Molina, A., & Ponce, F. P. (2014). The price of gaining: maximization in decision-making, regret and life satisfaction. *Judgment and Decision making*, 9(5), 500-509.

15 Park, J., & Hill, W. T. (2018). Exploring the role of justification and cognitive effort exertion on post-purchase regret in online shopping. *Computers in Human Behavior*, 83, 235-242.

16   Nenkov, G. Y., Morrin, M., Schwartz, B., Ward, A., & Hulland, J. (2008). A short form of the Maximization Scale: Factor structure, reliability and validity studies. *Judgment and Decision making*, 3(5), 371-388.

17   Iyengar, S. S., Wells, R. E., & Schwartz, B. (2006). Doing better but feeling worse: Looking for the "best" job undermines satisfaction. *Psychological Science*, 17(2), 143-150.

18   van de Calseyde, P. P., Zeelenberg, M., & Evers, E. R. (2018). The impact of doubt on the experience of regret. *Organizational behavior and human decision processes*, 149, 97-110.

19   Schwartz, B., Ward, A., Monterosso, J., Lyubomirsky, S., White, K., & Lehman, D. R. (2002). Maximizing versus satisficing: happiness is a matter of choice. *Journal of personality and social psychology*, 83(5), 1178-1197.

20   Besharat, A., Ladik, D. M., & Carrillat, F. A. (2014). Are maximizers blind to the future? When today's best does not make for a better tomorrow. *Marketing Letters*, 25(1), 77-91.

21   Schwartz, B., Ward, A., Monterosso, J., Lyubomirsky, S., White, K., & Lehman, D. R. (2002). Maximizing versus satisficing: happiness is a matter of choice. *Journal of personality and social psychology*, 83(5), 1178-1197.

22   Zeelenberg, M. (2015). Robust satisficing via regret minimization. *Journal of Marketing Behavior*, 1(2), 157-166.

23   Kamiya, A. S. M., Zeelenberg, M., & da Costa Hernandez, J. M. (2021). Regulating regret via decreasing goal level: Comparing maximizers and satisficers. *Personality and Individual Differences*, 178, 110870.

24   Szpunar, K. K., Spreng, R. N., & Schacter, D. L. (2014). A taxonomy of prospection: Introducing an organizational framework for future-oriented cognition. *Proceedings of the National Academy of Sciences*, 111(52), 18414-18421.

25   Hassabis, D., Kumaran, D., Vann, S. D., & Maguire, E. A. (2007). Patients with hippocampal amnesia cannot imagine new experiences. *Proceedings of the National Academy of Sciences*, 104(5), 1726-1731.

26 Addis, D. R., & Schacter, D. L. (2012). The hippocampus and imagining the future: where do we stand?. *Frontiers in human neuroscience*, 5, 173.

27 Hassabis, D., Kumaran, D., Vann, S. D., & Maguire, E. A. (2007). Patients with hippocampal amnesia cannot imagine new experiences. *Proceedings of the National Academy of Sciences*, 104(5), 1726-1731.

28 Viard, A., Desgranges, B., Eustache, F., & Piolino, P. (2012). Factors affecting medial temporal lobe engagement for past and future episodic events: an ALE meta-analysis of neuroimaging studies. *Brain and cognition*, 80(1), 111-125.

29 Okuda, J., Fujii, T., Ohtake, H., Tsukiura, T., Tanji, K., Suzuki, K., ... & Yamadori, A. (2003). Thinking of the future and past: The roles of the frontal pole and the medial temporal lobes. *Neuroimage*, 19(4), 1369-1380.

30 Schacter, D. L., Addis, D. R., Hassabis, D., Martin, V. C., Spreng, R. N., & Szpunar, K. K. (2012). The future of memory: remembering, imagining, and the brain. *Neuron*, 76(4), 677-694.

31 Suddendorf, T., Addis, D. R., & Corballis, M. C. (2009). Mental time travel and the shaping of the human mind. *Philosophical Transactions of the Royal Society B: Biological Sciences*, 364(1521), 1317-1324.

32 de Vito, S., Gamboz, N., Brandimonte, M. A., Barone, P., Amboni, M., & Della Sala, S. (2012). Future thinking in Parkinson's disease: an executive function?. *Neuropsychologia*, 50(7), 1494-1501; Duval, C., Desgranges, B., de La Sayette, V., Belliard, S., Eustache, F., & Piolino, P. (2012). What happens to personal identity when semantic knowledge degrades? A study of the self and autobiographical memory in semantic dementia. *Neuropsychologia*, 50(2), 254-265; Irish, M., Addis, D. R., Hodges, J. R., & Piguet, O. (2012). Considering the role of semantic memory in episodic future thinking: evidence from semantic dementia. *Brain*, 135(7), 2178-2191.

33 Friston, K., & Kiebel, S. (2009). Predictive coding under the free-energy principle. *Philosophical transactions of the Royal Society B: Biological sciences*,

364(1521), 1211-1221.

34 Barrett, Lisa Feldman. (2021). 《이토록 뜻밖의 뇌과학》. 서울: 더 퀘스트.

35 Gilbert, D. T., & Wilson, T. D. (2007). Prospection: Experiencing the future. *Science*, 317(5843), 1351-1354.

36 Gollwitzer, P. M. (1993). Goal achievement: The role of intentions. *European review of social psychology*, 4(1), 141-185.

37 "Prospective memory can be defined as the timely execution of a previously formed intention," Kerns, K. A. (2000). The CyberCruiser: An investigation of development of prospective memory in children. *Journal of the International Neuropsychological Society*, 6(1), 62-70.

38 McDaniel, M. A., Howard, D. C., & Butler, K. M. (2008). Implementation intentions facilitate prospective memory under high attention demands. *Memory & Cognition*, 36(4), 716-724.

39 Hayes-Roth, B., & Hayes-Roth, F. (1979). A cognitive model of planning. *Cognitive science*, 3(4), 275-310.

40 Andrews-Hanna, J. R., Smallwood, J., & Spreng, R. N. (2014). The default network and self-generated thought: Component processes, dynamic control, and clinical relevance. *Annals of the new York Academy of Sciences*, 1316(1), 29-52; Buckner, R. L., Andrews-Hanna, J. R., & Schacter, D. L. (2008). The brain's default network: anatomy, function, and relevance to disease. *Annals of the new York Academy of Sciences*, 1124(1), 1-38.

41 Raichle, M. E., MacLeod, A. M., Snyder, A. Z., Powers, W. J., Gusnard, D. A., & Shulman, G. L. (2001). A default mode of brain function. *Proceedings of the National Academy of Sciences*, 98(2), 676-682.

42 Christoff, K., Gordon, A. M., Smallwood, J., Smith, R., & Schooler, J. W. (2009). Experience sampling during fMRI reveals default network and executive system contributions to mind wandering. *Proceedings of the National Academy of Sciences*, 106(21), 8719-8724; D'Argembeau, A., Collette, F., Van der Linden, M., Laureys, S., Del Fiore, G., Degueldre, C., ... & Salmon, E. (2005). Self-referential reflective activity and its relationship

with rest: a PET study. *Neuroimage*, 25(2), 616-624; Spreng, R. N., & Grady, C. L. (2010). Patterns of brain activity supporting autobiographical memory, prospection, and theory of mind, and their relationship to the default mode network. *Journal of cognitive neuroscience*, 22(6), 1112-1123.

43 Spreng, R. N., Stevens, W. D., Chamberlain, J. P., Gilmore, A. W., & Schacter, D. L. (2010). Default network activity, coupled with the frontoparietal control network, supports goal-directed cognition. *Neuroimage*, 53(1), 303-317.

44 Boyer, P. (2008). Evolutionary economics of mental time travel?. *Trends in cognitive sciences*, 12(6), 219-224.

45 Vincent, J. L., Kahn, I., Snyder, A. Z., Raichle, M. E., & Buckner, R. L. (2008). Evidence for a frontoparietal control system revealed by intrinsic functional connectivity. *Journal of neurophysiology*, 100(6), 3328-3342.

46 Spreng, R. N., Stevens, W. D., Chamberlain, J. P., Gilmore, A. W., & Schacter, D. L. (2010). Default network activity, coupled with the frontoparietal control network, supports goal-directed cognition. *Neuroimage*, 53(1), 303-317.

47 Schacter, D. L., & Madore, K. P. (2016). Remembering the past and imagining the future: Identifying and enhancing the contribution of episodic memory. *Memory Studies*, 9(3), 245-255.

48 Ciaramelli, E., Bernardi, F., & Moscovitch, M. (2013). Individualized theory of mind (iToM): When memory modulates empathy. *Frontiers in Psychology*, 4, 4; Gerlach, K. D., Spreng, R. N., Gilmore, A. W., & Schacter, D. L. (2011). Solving future problems: default network and executive activity associated with goal-directed mental simulations. *Neuroimage*, 55(4), 1816-1824.

49 Gadassi Polack, R., Tran, T. B., & Joormann, J. (2020). "What has been is what will be"? Autobiographical memory and prediction of future events in depression. *Cognition and Emotion*, 34(5), 1044-1051.

50 Bubic, A., Von Cramon, D. Y., & Schubotz, R. I. (2010). Prediction,

cognition and the brain. *Frontiers in human neuroscience*, 4, 25.

51 Beck, J. S., & Beck, A. T. (2011). *Cognitive behavior therapy*. New York: Basics and beyond. Guilford Publication.

2장 더 잘 연결되는 법: 미래자기

1 Alós-Ferrer, C., & Strack, F. (2014). From dual processes to multiple selves: Implications for economic behavior. *Journal of Economic Psychology*, 41, 1-11; O'Connor, K. M., De Dreu, C. K., Schroth, H., Barry, B., Lituchy, T. R., & Bazerman, M. H. (2002). What we want to do versus what we think we should do: An empirical investigation of intrapersonal conflict. *Journal of Behavioral Decision Making*, 15(5), 403-418.

2 Bartels, D. M., & Rips, L. J. (2010). Psychological connectedness and intertemporal choice. *Journal of Experimental Psychology: General*, 139(1), 49-69.

3 Bartels, D. M., & Urminsky, O. (2011). On intertemporal selfishness: How the perceived instability of identity underlies impatient consumption. *Journal of consumer research*, 38(1), 182-198.

4 Critchfield, T. S., & Kollins, S. H. (2001). Temporal discounting: Basic research and the analysis of socially important behavior. *Journal of applied behavior analysis*, 34(1), 101-122.

5 Schumpe, B. M., Brizi, A., Giacomantonio, M., Panno, A., Kopetz, C., Kosta, M., & Mannetti, L. (2017). Need for cognitive closure decreases risk taking and motivates discounting of delayed rewards. *Personality and Individual Differences*, 107, 66-71.

6 Parfit, D. (1971). Personal identity. *The Philosophical Review*, 80(1), 3-27.

7 Pronin, E., & Ross, L. (2006). Temporal differences in trait self-ascription: when the self is seen as an other. *Journal of personality and social psychology*, 90(2), 197-209.

8 Ersner-Hershfield, H., Wimmer, G. E., & Knutson, B. (2009). Saving for the future self: Neural measures of future self-continuity predict temporal

discounting. *Social cognitive and affective neuroscience*, 4(1), 85-92.

9　Rozental, A., Bennett, S., Forsström, D., Ebert, D. D., Shafran, R., Andersson, G., & Carlbring, P. (2018). Targeting procrastination using psychological treatments: A systematic review and meta-analysis. *Frontiers in Psychology*, 9, 1588.

10　Blouin-Hudon, E. M. C., & Pychyl, T. A. (2015). Experiencing the temporally extended self: Initial support for the role of affective states, vivid mental imagery, and future self-continuity in the prediction of academic procrastination. *Personality and Individual Differences*, 86, 50-56.

11　Mitchell, J. P., Schirmer, J., Ames, D. L., & Gilbert, D. T. (2011). Medial prefrontal cortex predicts intertemporal choice. *Journal of cognitive neuroscience*, 23(4), 857-866.

12　Ersner-Hershfield, H., Wimmer, G. E., & Knutson, B. (2009). Saving for the future self: Neural measures of future self-continuity predict temporal discounting. *Social cognitive and affective neuroscience*, 4(1), 85-92.

13　Bartels, D. M., & Urminsky, O. (2015). To know and to care: How awareness and valuation of the future jointly shape consumer spending. *Journal of Consumer Research*, 41(6), 1469-1485.

14　Sheldon, O. J., & Fishbach, A. (2015). Anticipating and resisting the temptation to behave unethically. *Personality and Social Psychology Bulletin*, 41(7), 962-975.

15　Nurra, C., & Oyserman, D. (2018). From future self to current action: An identity-based motivation perspective. *Self and identity*, 17(3), 343-364.

16　Hershfield, H. E. (2011). Future self-continuity: How conceptions of the future self transform intertemporal choice. *Annals of the New York Academy of Sciences*, 1235(1), 30-43.

17　Bartels, D. M., & Urminsky, O. (2015). To know and to care: How awareness and valuation of the future jointly shape consumer spending. *Journal of Consumer Research*, 41(6), 1469-1485.

18　Trope, Y., & Liberman, N. (2010). Construal-Level Theory of Psychological

Distance. *Psychological review*, 117(2), 440-463.

19   Kassam, K. S., Gilbert, D. T., Boston, A., & Wilson, T. D. (2008). Future anhedonia and time discounting. *Journal of Experimental Social Psychology*, 44(6), 1533-1537.

20   Wilson, T. D., & Gilbert, D. T. (2005). Affective forecasting: Knowing what to want. *Current directions in psychological science*, 14(3), 131-134.

21   Buehler, R., & McFarland, C. (2001). Intensity bias in affective forecasting: The role of temporal focus. *Personality and Social Psychology Bulletin*, 27(11), 1480-1493; Gilbert, D. T., Pinel, E. C., Wilson, T. D., Blumberg, S. J., & Wheatley, T. P. (1998). Immune neglect: a source of durability bias in affective forecasting. *Journal of personality and social psychology*, 75(3), 617-638.

22   Wilson, T. D., Wheatley, T., Meyers, J. M., Gilbert, D. T., & Axsom, D. (2000). Focalism: a source of durability bias in affective forecasting. *Journal of personality and social psychology*, 78(5), 821-836.

23   Loewenstein, G., O'Donoghue, T., & Rabin, M. (2003). Projection bias in predicting future utility. *the Quarterly Journal of economics*, 118(4), 1209-1248.

24   Wilson, T. D., Gilbert, D. T., & Centerbar, D. B. (2003). Making sense: The causes of emotional evanescence. In J. Carrillo & I. Brocas (Eds.), *Economics and psychology*. New York: Oxford University Press.

25   Wilson, T. D., & Gilbert, D. T. (2003). Affective forecasting. *Advances in experimental social psychology*, 35, 345-411.

26   Wilson, T. D., & Gilbert, D. T. (2005). Affective forecasting: Knowing what to want. *Current directions in psychological science*, 14(3), 131-134.

27   Hershfield, H. E., Goldstein, D. G., Sharpe, W. F., Fox, J., Yeykelis, L., Carstensen, L. L., & Bailenson, J. N. (2011). Increasing saving behavior through age-progressed renderings of the future self. *Journal of marketing research*, 48(SPL), S23-S37.

28   Kuo, H. C., Lee, C. C., & Chiou, W. B. (2016). The power of the virtual

ideal self in weight control: Weight-reduced avatars can enhance the tendency to delay gratification and regulate dietary practices. *Cyberpsychology, Behavior, and Social Networking*, 19(2), 80-85.

29 Kappes, H. B., & Oettingen, G. (2011). Positive fantasies about idealized futures sap energy. *Journal of Experimental Social Psychology*, 47(4), 719-729.

3장 바라는 바를 현실로 만들려면: 심리대조

1 Oettingen, G. (1999). Free fantasies about the future and the emergence of developmental goals. In J. BrandtstaKtter, & R. M. Lerner (Eds.), Action and self-development: Theory and research through the life span (pp. 315-342). Thousand Oaks, CA: Sage Publications, Inc.

2 Oettingen, G., Stephens, E. J., Mayer, D., & Brinkmann, B. (2010). Mental contrasting and the self-regulation of helping relations. *Social Cognition*, 28(4), 490-508.

3 Kappes, A., Singmann, H., & Oettingen, G. (2012). Mental contrasting instigates goal pursuit by linking obstacles of reality with instrumental behavior. *Journal of Experimental Social Psychology*, 48(4), 811-818.

4 Oettingen, G. (2000). Expectancy effects on behavior depend on self-regulatory thought. *Social Cognition*, 18(2), 101-129.

5 Kappes, A., Singmann, H., & Oettingen, G. (2012). Mental contrasting instigates goal pursuit by linking obstacles of reality with instrumental behavior. *Journal of Experimental Social Psychology*, 48(4), 811-818.

6 Kappes, H. B., & Oettingen, G. (2011). Positive fantasies about idealized futures sap energy. *Journal of Experimental Social Psychology*, 47(4), 719-729.

7 Kappes, A., Oettingen, G., & Pak, H. (2012). Mental contrasting and the self-regulation of responding to negative feedback. *Personality and Social Psychology Bulletin*, 38(7), 845-857.

8 Achtziger, A., Fehr, T., Oettingen, G., Gollwitzer, P. M., & Rockstroh, B. (2009). Strategies of intention formation are reflected in continuous MEG activity. *Social Neuroscience*, 4(1), 11-27.

9   Gollwitzer, P. M. (1990). Action phases and mind-sets. In E. T. Higgins & R. M. Sorrentino (Eds.), *The Handbook of motivation and cognition: Foundations of social behavior* (Vol. 2, pp. 53-92). New York: Guilford Press.

10 Oettingen, G., Wittchen, M., & Gollwitzer, P. (2013). Regulating goal pursuit through mental contrasting with implementation intentions. In E. A. Locke & G. P. Latham (Eds.), *New developments in goal setting and task performance* (pp. 523-548). New York, NY: Routledge.

11 Gollwitzer, P. M. (1999). Implementation intentions: Strong effects of simple plans. *American psychologist*, 54(7), 493-503.

12 Wieber, F., & Sassenberg, K. (2006). I can't take my eyes off of it-Attention attraction effects of implementation intentions. *Social Cognition*, 24(6), 723-752.

13 Eriksen, C. W., & Yeh, Y.-Y. (1985). Allocation of attention in the visual field. *Journal of Experimental Psychology: Human Perception and Performance*, 11(5), 583-597.

14 Gollwitzer, P. M. (1999). Implementation intentions: Strong effects of simple plans. *American psychologist*, 54(7), 493-503.

15 Brandstätter, V., Lengfelder, A., & Gollwitzer, P. M. (2001). Implementation intentions and efficient action initiation. *Journal of personality and social psychology*, 81(5), 946-960.

16 Bayer, U. C., Achtziger, A., Gollwitzer, P. M., & Moskowitz, G. B. (2009). Responding to subliminal cues: Do if-then plans facilitate action preparation and initiation without conscious intent?. *Social Cognition*, 27(2), 183-201.

17 Gollwitzer, P. M. (1999). Implementation intentions: Strong effects of simple plans. *American psychologist*, 54(7), 493-503.

18 Oettingen, G., & Gollwitzer, P. (2010). Strategies of setting and implementing goals: Mental contrasting and implementation intentions. In Social psychological foundations of clinical psychology (pp. 114-135). Guilford Press.

19 Locke, E. A. (2015). Theory building, replication, and behavioral priming:

Where do we need to go from here?. *Perspectives on Psychological Science*, 10(3), 408-414.

20 Adriaanse, M. A., Oettingen, G., Gollwitzer, P. M., Hennes, E. P., De Ridder, D. T., & De Wit, J. B. (2010). When planning is not enough: Fighting unhealthy snacking habits by mental contrasting with implementation intentions (MCII). *European Journal of Social Psychology*, 40(7), 1277-1293.

21 Duckworth, A. L., Kirby, T. A., Gollwitzer, A., & Oettingen, G. (2013). From fantasy to action: Mental contrasting with implementation intentions (MCII) improves academic performance in children. *Social Psychological and Personality Science*, 4(6), 745-753.

22 Marquardt, M. K., Oettingen, G., Gollwitzer, P. M., Sheeran, P., & Liepert, J. (2017). Mental contrasting with implementation intentions (MCII) improves physical activity and weight loss among stroke survivors over one year. *Rehabilitation Psychology*, 62(4), 580-590.

23 Houssais, S., Oettingen, G., & Mayer, D. (2013). Using mental contrasting with implementation intentions to self-regulate insecurity-based behaviors in relationships. *Motivation and Emotion*, 37(2), 224-233.

24 Stadler, G., Oettingen, G., & Gollwitzer, P. M. (2009). Physical activity in women: Effects of a self-regulation intervention. *American journal of preventive medicine*, 36(1), 29-34.

25 Stadler, G., Oettingen, G., & Gollwitzer, P. M. (2010). Intervention effects of information and self-regulation on eating fruits and vegetables over two years. *Health Psychology*, 29(3), 274-283.

26 Carrero, I., Vilà, I., & Redondo, R. (2019). What makes implementation intention interventions effective for promoting healthy eating behaviours? A meta-regression. *Appetite*, 140, 239-247.

27 Parks-Stamm, E. J., Gollwitzer, P. M., & Oettingen, G. (2007). Action control by implementation intentions: Effective cue detection and efficient response initiation. *Social Cognition*, 25(2), 248-266.

28 Kappes, A., Wendt, M., Reinelt, T., & Oettingen, G. (2013). Mental contrasting changes the meaning of reality. *Journal of Experimental Social Psychology*, 49(5), 797-810.

29 Wang, G., Wang, Y., & Gai, X. (2021). A meta-analysis of the effects of mental contrasting with implementation intentions on goal attainment. *Frontiers in Psychology*, 12, 565202.

30 Adriaanse, M. A., de Ridder, D. T., & de Wit, J. B. (2009). Finding the critical cue: Implementation intentions to change one's diet work best when tailored to personally relevant reasons for unhealthy eating. *Personality and social psychology bulletin*, 35(1), 60-71.

4장 생각과 노력은 비싸다: 인지제어

1 Krebs, R. M., Boehler, C. N., & Woldorff, M. G. (2010). The influence of reward associations on conflict processing in the Stroop task. *Cognition*, 117(3), 341-347; Padmala, S., & Pessoa, L. (2011). Reward reduces conflict by enhancing attentional control and biasing visual cortical processing. *Journal of cognitive neuroscience*, 23(11), 3419-3432; Engelmann, J. B., Damaraju, E., Padmala, S., & Pessoa, L. (2009). Combined Effects of Attention and Motivation on Visual Task Performance: Transient and Sustained Motivational Effects. *Frontiers in Human Neuroscience*, 3:4.

2 Duckworth, A. L., Quinn, P. D., Lynam, D. R., Loeber, R., & Stouthamer-Loeber, M. (2011). Role of test motivation in intelligence testing. *Proceedings of the National Academy of Sciences*, 108(19), 7716-7720.

3 Kool, W., McGuire, J. T., Rosen, Z. B., & Botvinick, M. M. (2010). Decision making and the avoidance of cognitive demand. *Journal of experimental psychology: general*, 139(4), 665-682; McGuire, J. T., & Botvinick, M. M. (2010). Prefrontal cortex, cognitive control, and the registration of decision costs. *Proceedings of the national academy of sciences*, 107(17), 7922-7926; Dunn, T. L., Lutes, D. J., & Risko, E. F. (2016). Metacognitive evaluation in the avoidance of demand. *Journal of experimental*

psychology: human perception and performance, 42(9), 1372-1387.

4   Kool, W., & Botvinick, M. (2013). The intrinsic cost of cognitive control. *Behavioral and Brain Sciences*, 36(6), 697-698.

5   Dixon, M. L., & Christoff, K. (2012). The decision to engage cognitive control is driven by expected reward-value: neural and behavioral evidence. PloS one, 7(12), e51637.

6   Kahneman D. (2011). *Thinking, Fast and Slow*. New York: Farrar, Straus and Giroux.

7   Heatherton, T. F., & Wagner, D. D. (2011). Cognitive neuroscience of self-regulation failure. *Trends in cognitive sciences*, 15(3), 132-139.

8   Hofmann, W., Friese, M., & Strack, F. (2009). Impulse and self-control from a dual-systems perspective. *Perspectives on psychological science*, 4(2), 162-176.

9   Berkman, E. T., Hutcherson, C. A., Livingston, J. L., Kahn, L. E., & Inzlicht, M. (2017). Self-control as value-based choice. *Current directions in psychological science*, 26(5), 422-428.

10   Fujita, K. (2011). On conceptualizing self-control as more than the effortful inhibition of impulses. *Personality and social psychology review*, 15(4), 352-366

11   Mischel, W., Shoda, Y., & Rodriguez, M. L. (1989). Delay of gratification in children. *Science*, 244(4907), 933-938.

12   Matta, A. D., Gonçalves, F. L., & Bizarro, L. (2012). Delay discounting: Concepts and measures. *Psychology & Neuroscience*, 5, 135-146.

13   Bulley, A., Lempert, K. M., Conwell, C., Irish, M., & Schacter, D. L. (2022). Intertemporal choice reflects value comparison rather than self-control: insights from confidence judgements. *Philosophical Transactions of the Royal Society B*, 377(1866), 20210338.

14   Michaelson, L., De la Vega, A., Chatham, C. H., & Munakata, Y. (2013). Delaying gratification depends on social trust. *Frontiers in psychology*, 4, 355.

15   Kidd, C., Palmeri, H., & Aslin, R. N. (2013). Rational snacking: Young

children's decision-making on the marshmallow task is moderated by beliefs about environmental reliability. *Cognition*, 126(1), 109-114.

16 Radu, P. T., Yi, R., Bickel, W. K., Gross, J. J., & McClure, S. M. (2011). A mechanism for reducing delay discounting by altering temporal attention. *Journal of the experimental analysis of behavior*, 96(3), 363-385.

17 Gershman, S. J., Horvitz, E. J., & Tenenbaum, J. B. (2015). Computational rationality: A converging paradigm for intelligence in brains, minds, and machines. *Science*, 349(6245), 273-278.

18 Kurzban, R., Duckworth, A., Kable, J. W., & Myers, J. (2013). An opportunity cost model of subjective effort and task performance. *Behavioral and brain sciences*, 36(6), 661-679.

19 Vul, E., Goodman, N., Griffiths, T. L., & Tenenbaum, J. B. (2014). One and done? Optimal decisions from very few samples. *Cognitive science*, 38(4), 599-637.

20 Shenhav, A., Botvinick, M. M., & Cohen, J. D. (2013). The expected value of control: an integrative theory of anterior cingulate cortex function. *Neuron*, 79(2), 217-240.

21 Shenhav, A., Cohen, J. D., & Botvinick, M. M. (2016). Dorsal anterior cingulate cortex and the value of control. *Nature neuroscience*, 19(10), 1286-1291.

22 Westbrook, A., & Braver, T. S. (2015). Cognitive effort: A neuroeconomic approach. *Cognitive, Affective, & Behavioral Neuroscience*, 15(2), 395-415.

23 Power, J. D., & Petersen, S. E. (2013). Control-related systems in the human brain. Current opinion in neurobiology, 23(2), 223-228.

24 Heilbronner, S. R., & Hayden, B. Y. (2016). Dorsal anterior cingulate cortex: a bottom-up view. *Annual review of neuroscience*, 39, 149-170.

25 Holroyd, C. B., & Yeung, N. (2012). Motivation of extended behaviors by anterior cingulate cortex. *Trends in cognitive sciences*, 16(2), 122-128.

26 McGuire, J. T., & Botvinick, M. M. (2010). Prefrontal cortex, cognitive control, and the registration of decision costs. *Proceedings of the national*

academy of sciences, 107(17), 7922-7926.

27 Blain, B., Hollard, G., & Pessiglione, M. (2016). Neural mechanisms underlying the impact of daylong cognitive work on economic decisions. *Proceedings of the National Academy of Sciences, 113*(25), 6967-6972.

28 Westbrook, A., & Braver, T. S. (2016). Dopamine does double duty in motivating cognitive effort. *Neuron, 89*(4), 695-710; Cools, R. (2016). The costs and benefits of brain dopamine for cognitive control. *Wiley Interdisciplinary Reviews: Cognitive Science, 7*(5), 317-329.

29 Berridge, K. C., Venier, I. L., & Robinson, T. E. (1989). Taste reactivity analysis of 6-hydroxydopamine-induced aphagia: implications for arousal and anhedonia hypotheses of dopamine function. *Behavioral neuroscience, 103*(1), 36-45.

30 Berridge, K. C., & Valenstein, E. S. (1991). What psychological process mediates feeding evoked by electrical stimulation of the lateral hypothalamus?. *Behavioral neuroscience, 105*(1), 3-14.

31 Berridge, K. C., & Kringelbach, M. L. (2015). Pleasure systems in the brain. *Neuron, 86*(3), 646-664.

32 Winkielman, P., Berridge, K. C., & Wilbarger, J. L. (2005). Unconscious affective reactions to masked happy versus angry faces influence consumption behavior and judgments of value. *Personality and social psychology bulletin, 31*(1), 121-135.

33 Sinha, R. (2013). The clinical neurobiology of drug craving. *Current opinion in neurobiology, 23*(4), 649-654.

34 Holroyd, C. B., & McClure, S. M. (2015). Hierarchical control over effortful behavior by rodent medial frontal cortex: A computational model. *Psychological review, 122*(1), 54-83; Salamone, J. D., Correa, M., Farrar, A. M., Nunes, E. J., & Pardo, M. (2009). Dopamine, behavioral economics, and effort. *Frontiers in behavioral neuroscience, 3*, Article 13.

35 Panksepp, J., & Moskal, J. (2008). Dopamine and SEEKING: Subcortical "reward" systems and appetitive urges. In A. J. Elliot (Ed.), *Handbook of*

approach and avoidance motivation (pp. 67-87). Psychology Press; Niv, Y.,
Daw, N. D., Joel, D., & Dayan, P. (2007). Tonic dopamine: opportunity
costs and the control of response vigor. *Psychopharmacology*, 191(3), 507-
520.

36 Botvinick, M., & Braver, T. (2015). Motivation and cognitive control: from
behavior to neural mechanism. *Annual review of psychology*, 66(1), 83-113.

37 Gigerenzer, G., & Gaissmaier, W. (2011). Heuristic decision making.
Annual review of psychology, 62(1), 451-482.

38 Lieder, F., & Griffiths, T. (2016). *Helping people make better decisions using
optimal gamification.* In CogSci.

5장 자동으로 이루어지도록: 습관 설계

1 Evans, J. S. B., & Stanovich, K. E. (2013). Dual-process theories of higher
cognition: Advancing the debate. *Perspectives on psychological science*, 8(3),
223-241.

2 Lee, S. W., Shimojo, S., & O'Doherty, J. P. (2014). Neural computations
underlying arbitration between model-based and model-free learning.
Neuron, 81(3), 687-699.

3 Haber, S. N., Fudge, J. L., & McFarland, N. R. (2000). Striatonigrostriatal
pathways in primates form an ascending spiral from the shell to the
dorsolateral striatum. *Journal of Neuroscience*, 20(6), 2369-2382.

4 Steele, C. J., & Penhune, V. B. (2010). Specific increases within global
decreases: a functional magnetic resonance imaging investigation of five days
of motor sequence learning. *Journal of Neuroscience*, 30(24), 8332-8341.

5 Balleine, B. W., & O'doherty, J. P. (2010). Human and rodent homologies
in action control: corticostriatal determinants of goal-directed and habitual
action. *Neuropsychopharmacology*, 35(1), 48-69.

6 Lingawi, N. W., & Balleine, B. W. (2012). Amygdala central nucleus
interacts with dorsolateral striatum to regulate the acquisition of habits.
Journal of Neuroscience, 32(3), 1073-1081; Smith, K. S., & Graybiel, A. M.

(2013). A dual operator view of habitual behavior reflecting cortical and striatal dynamics. *Neuron*, 79(2), 361-374.

7 Atallah, H. E., Lopez-Paniagua, D., Rudy, J. W., & O'Reilly, R. C. (2007). Separate neural substrates for skill learning and performance in the ventral and dorsal striatum. *Nature neuroscience*, 10(1), 126-131.

8 Desmurget, M., & Turner, R. S. (2010). Motor sequences and the basal ganglia: kinematics, not habits. *Journal of Neuroscience*, 30(22), 7685-7690.

9 Verplanken, B. (2006). Beyond frequency: Habit as mental construct. British Journal of Social Psychology, 45(3), 639-656; Ajzen, I. (2002). Residual effects of past on later behavior: Habituation and reasoned action perspectives. *Personality and social psychology review*, 6(2), 107-122.

10 Bargh, J. A. (1994). The four horsemen of automaticity: awareness, intention, efficiency, and control in social cognition. In R. S. Wyer, & T. K. Srull (Eds.), *Handbook of social cognition* (vol. 1, pp. 1-40). Hove: Lawrence Erlbaun Associates Publishers.

11 Sheeran, P. (2002). Intention-behavior relations: A conceptual and empirical review. In W. Stroebe, & M. Hewstone (Eds.), *European review of social psychology* (vol. 12, pp. 1-30). Wiley.

12 Wood, W., Quinn, J. M., & Kashy, D. A. (2002). Habits in everyday life: thought, emotion, and action. *Journal of personality and social psychology*, 83(6), 1281-1297.

13 Lally, P., Van Jaarsveld, C. H., Potts, H. W., & Wardle, J. (2010). How are habits formed: Modelling habit formation in the real world. *European journal of social psychology*, 40(6), 998-1009.

14 Armitage, C. J. (2005). Can the theory of planned behavior predict the maintenance of physical activity?. *Health psychology*, 24(3), 235-245.

15 Jeffery, R. W., Epstein, L. H., Wilson, G. T., Drewnowski, A., Stunkard, A. J., & Wing, R. R. (2000). Long-term maintenance of weight loss: current status. *Health psychology*, 19, 5-6.

16 Rothman, A. J., Sheeran, P., & Wood, W. (2009). Reflective and automatic

processes in the initiation and maintenance of dietary change. *Annals of Behavioral Medicine*, 38, S4-S17.

17 Verplanken, B., & Wood, W. (2006). Interventions to break and create consumer habits. *Journal of public policy & marketing*, 25(1), 90-103.

18 Lally, P., Wardle, J., & Gardner, B. (2011). Experiences of habit formation: a qualitative study. *Psychology, health & medicine*, 16(4), 484-489.

19 Privitera, G. J., & Zuraikat, F. M. (2014). Proximity of foods in a competitive food environment influences consumption of a low calorie and a high calorie food. *Appetite*, 76, 175-179.

20 Walker, I., Thomas, G. O., & Verplanken, B. (2015). Old habits die hard: Travel habit formation and decay during an office relocation. *Environment and Behavior*, 47(10), 1089-1106.

21 Ent, M. R., Baumeister, R. F., & Tice, D. M. (2015). Trait self-control and the avoidance of temptation. *Personality and Individual Differences*, 74, 12-15.

22 Hofmann, W., Baumeister, R. F., Förster, G., & Vohs, K. D. (2012). Everyday temptations: an experience sampling study of desire, conflict, and self-control. *Journal of personality and social psychology*, 102(6), 1318-1335.

23 Adriaanse, M. A., Kroese, F. M., Gillebaart, M., & De Ridder, D. T. (2014). Effortless inhibition: Habit mediates the relation between self-control and unhealthy snack consumption. *Frontiers in psychology*, 5, 444.

24 Galla, B. M., & Duckworth, A. L. (2015). More than resisting temptation: Beneficial habits mediate the relationship between self-control and positive life outcomes. *Journal of personality and social psychology*, 109(3), 508-525; Gillebaart, M., & Adriaanse, M. A. (2017). Self-control predicts exercise behavior by force of habit, a conceptual replication of Adriaanse et al. (2014). *Frontiers in psychology*, 8, 190.

25 Lin, P. Y., Wood, W., & Monterosso, J. (2016). Healthy eating habits protect against temptations. *Appetite*, 103, 432-440.

26 Milyavskaya, M., & Inzlicht, M. (2017). What's so great about self-control?

Examining the importance of effortful self-control and temptation in predicting real-life depletion and goal attainment. *Social Psychological and Personality Science*, 8(6), 603-611.

27 Duckworth, A. L., White, R. E., Matteucci, A. J., Shearer, A., & Gross, J. J. (2016). A stitch in time: Strategic self-control in high school and college students. *Journal of educational psychology*, 108(3), 329.

28 Duckworth, A. L., Gendler, T. S., & Gross, J. J. (2016). Situational strategies for self-control. *Perspectives on Psychological Science*, 11(1), 35-55.

29 Lally, P., Chipperfield, A., & Wardle, J. (2008). Healthy habits: efficacy of simple advice on weight control based on a habit-formation model. *International journal of obesity*, 32(4), 700-707.

30 Doll, B. B., Simon, D. A., & Daw, N. D. (2012). The ubiquity of model-based reinforcement learning. *Current opinion in neurobiology*, 22(6), 1075-1081.

6장 더 나은 결정, 더 나은 선택의 비밀: 해석 수준

1 Trope, Y., & Liberman, N. (2010). Construal-level theory of psychological distance. *Psychological review*, 117(2), 440-463.

2 Snefjella, B., & Kuperman, V. (2015). Concreteness and psychological distance in natural language use. *Psychological science*, 26(9), 1449-1460.

3 Joshi, P. D., Wakslak, C. J., Raj, M., & Trope, Y. (2016). Communicating with distant others: The functional use of abstraction. *Social Psychological and Personality Science*, 7(1), 37-44.

4 Gilead, M., Liberman, N., & Maril, A. (2012). Construing counterfactual worlds: The role of abstraction. *European Journal of Social Psychology*, 42(3), 391-397

5 Wakslak, C. J., Trope, Y., Liberman, N., & Alony, R. (2006). Seeing the forest when entry is unlikely: probability and the mental representation of events. *Journal of Experimental Psychology: General*, 135(4), 641-653.

6 Gilead, M., Liberman, N., & Maril, A. (2013). The language of future-

thought: An fMRI study of embodiment and tense processing. *Neuroimage*, 65, 267-279.

7   Farrer, C., & Frith, C. D. (2002). Experiencing oneself vs another person as being the cause of an action: the neural correlates of the experience of agency. *Neuroimage*, 15(3), 596-603.

8   Craig, A. D. (2009). How do you feel—now? The anterior insula and human awareness. *Nature reviews neuroscience*, 10(1), 59-70.

9   Chen, M., & Bargh, J. A. (1999). Consequences of automatic evaluation: Immediate behavioral predispositions to approach or avoid the stimulus. *Personality and social psychology bulletin*, 25(2), 215-224.

10   Hauk, O., Johnsrude, I., & Pulvermüller, F. (2004). Somatotopic representation of action words in human motor and premotor cortex. *Neuron*, 41(2), 301-307.

11   Goff, L. M., & Roediger, H. L. (1998). Imagination inflation for action events: Repeated imaginings lead to illusory recollections. *Memory & Cognition*, 26(1), 20-33.

12   Hauk, O., Johnsrude, I., & Pulvermüller, F. (2004). Somatotopic representation of action words in human motor and premotor cortex. *Neuron*, 41(2), 301-307.

13   Tettamanti, M., Manenti, R., Della Rosa, P. A., Falini, A., Perani, D., Cappa, S. F., & Moro, A. (2008). Negation in the brain: Modulating action representations. *Neuroimage*, 43(2), 358-367.

14   Van Dam, W. O., Rueschemeyer, S. A., & Bekkering, H. (2010). How specifically are action verbs represented in the neural motor system: an fMRI study. *Neuroimage*, 53(4), 1318-1325.

15   Eyal, T., Sagristano, M. D., Trope, Y., Liberman, N., & Chaiken, S. (2009). When values matter: Expressing values in behavioral intentions for the near vs. distant future. *Journal of experimental social psychology*, 45(1), 35-43.

16   Freitas, A. L., Gollwitzer, P., & Trope, Y. (2004). The influence of abstract and concrete mindsets on anticipating and guiding others' self-regulatory

efforts. *Journal of experimental social psychology*, 40(6), 739-752.

17   Freitas, A. L., Salovey, P., & Liberman, N. (2001). Abstract and concrete self-evaluative goals. *Journal of personality and social psychology*, 80(3), 410-424.

18   Ross, L., & Nisbett, R. E. (2011). *The person and the situation: Perspectives of social psychology*. Pinter & Martin Publishers.

19   Ananthaswamy, Anil. (2017). 《나를 잃어버린 사람들》. 서울: 더퀘스트.

20   Gawronski, B. (2012). Back to the future of dissonance theory: Cognitive consistency as a core motive. *Social cognition*, 30(6), 652-668.

21   Byrne, D., Clore, G. L., & Smeaton, G. (1986). The Attraction Hypothesis: Do Similar Attitudes Affect Anything?. *Journal of Pereonalily and Social Psychology*, 51(6), 1167-1170.

22   Aron, A., Steele, J. L., Kashdan, T. B., & Perez, M. (2006). When similars do not attract: Tests of a prediction from the self-expansion model. *Personal Relationships*, 13(4), 387-396.

23   Liviatan, I., Trope, Y., & Liberman, N. (2008). Interpersonal similarity as a social distance dimension: Implications for perception of others' actions. *Journal of experimental social psychology*, 44(5), 1256-1269.

24   Ledgerwood, A., Trope, Y., & Chaiken, S. (2010). Flexibility now, consistency later: psychological distance and construal shape evaluative responding. *Journal of personality and social psychology*, 99(1), 32-51.

25   Soderberg, C. K., Callahan, S. P., Kochersberger, A. O., Amit, E., & Ledgerwood, A. (2015). The effects of psychological distance on abstraction: Two meta-analyses. *Psychological bulletin*, 141(3), 525-548.

26   Eyal, T., Sagristano, M. D., Trope, Y., Liberman, N., & Chaiken, S. (2009). When values matter: Expressing values in behavioral intentions for the near vs. distant future. *Journal of experimental social psychology*, 45(1), 35-43.

7장 나에 대한 믿음은 어떻게 만들어지나: 자기효능 기대

1   Duckworth, A. L. (2011). The significance of self-control. *Proceedings of the*

National Academy of Sciences, 108(7), 2639-2640.

2 Carver, C. S., & Scheier, M. F. (1982). Control theory: A useful conceptual framework for personality-social, clinical, and health psychology. *Psychological bulletin*, 92(1), 111-135.

3 Carnevale, J. J., & Fujita, K. (2016). Consensus versus anarchy in the senate of the mind: on the roles of high-level versus low-level construal in self-control. In KD Vohs and RF Baumeister (Eds.), *Handbook of Self-Regulation: Research, Theory, and Applications* (3rd Edn., pp. 146-164). Guilford Publications.

4 Hofmann, W., Friese, M., & Strack, F. (2009). Impulse and self-control from a dual-systems perspective. *Perspectives on psychological science*, 4(2), 162-176; Muraven, M., & Baumeister, R. F. (2000). Self-regulation and depletion of limited resources: Does self-control resemble a muscle?. *Psychological bulletin*, 126(2), 247-259.

5 Galla, B. M., & Duckworth, A. L. (2015). More than resisting temptation: Beneficial habits mediate the relationship between self-control and positive life outcomes. *Journal of personality and social psychology*, 109(3), 508-525; Duckworth, A. L., Gendler, T. S., & Gross, J. J. (2016). Situational strategies for self-control. *Perspectives on Psychological Science*, 11(1), 35-55.

6 Bandura, A. (1977). Self-efficacy: toward a unifying theory of behavioral change. *Psychological review*, 84, 191-215.

7 Locke, E. A., Frederick, E., Lee, C., & Bobko, P. (1984). Effect of self-efficacy, goals, and task strategies on task performance. *Journal of applied psychology*, 69(2), 241-251.

8 Grau, R., Salanova, M., & Peiro, J. M. (2001). Moderator effects of self-efficacy on occupational stress. *Psychology in Spain*, 5(1), 63-74.

9 Bandura, A. (1997). *Self-efficacy: The exercise of control* (p. 21). Freeman.

10 Williams, D. M. (2010). Outcome expectancy and self-efficacy: Theoretical implications of an unresolved contradiction. *Personality and Social Psychology Review*, 14(4), 417-425.

11 Bandura, A. (2006). Guide for constructing self-efficacy scales. In F. Pajares & T. Urdan (Eds.), *Self-efficacy beliefs of adolescents* (Vol 5, pp. 307-337). Information Age.

12 Bandura, A., & Jourden, F. J. (1991). Self-regulatory mechanisms governing the impact of social comparison on complex decision making. *Journal of personality and social psychology*, 60(6), 941-951.

13 Morgenroth, T., Ryan, M. K., & Peters, K. (2015). The motivational theory of role modeling: How role models influence role aspirants' goals. *Review of general psychology*, 19(4), 465-483.

14 Ferrari, M. (1996). Observing the observer: Self-regulation in the observational learning of motor skills. *Developmental review*, 16(2), 203-240.

15 Petty, R. E., & Brinol, P. (2010). Attitude Change. In R. F. Baumeister & E. J. Finkel (Eds.), *Advanced Social Psychology: The State of the Science* (pp. 217-259). Oxford University Press.

16 Williams, D. M., & Rhodes, R. E. (2016). The confounded self-efficacy construct: conceptual analysis and recommendations for future research. *Health psychology review*, 10(2), 113-128.

17 Knudstrup, M., Segrest, S. L., & Hurley, A. E. (2003). The use of mental imagery in the simulated employment interview situation. *Journal of Managerial Psychology*, 18, 573-591.

18 Oettingen, G. (2012). Future thought and behaviour change. *European review of social psychology*, 23(1), 1-63.

19 Ciani, K. D., Easter, M. A., Summers, J. J., & Posada, M. L. (2009). Cognitive biases in the interpretation of autonomic arousal: A test of the construal bias hypothesis. *Contemporary educational psychology*, 34(1), 9-17.

20 Bandura, A., & Locke, E. A. (2003). Negative self-efficacy and goal effects revisited. *Journal of applied psychology*, 88(1), 87-99.

21 Tabernero, C., & Wood, R. E. (2009). Interaction between self-efficacy and initial performance in predicting the complexity of task chosen. *Psychological Reports*, 105, 1167-1180.

22 Kruglanski, A. W., Chernikova, M., Rosenzweig, E., & Kopetz, C. (2014). On motivational readiness. *Psychological Review*, 121(3), 367.-388

23 Vancouver, J. B., More, K. M., & Yoder, R. J. (2008). Self-efficacy and resource allocation: support for a nonmonotonic, discontinuous model. *Journal of Applied Psychology*, 93(1), 35-47.

24 Ashford, S. J., Blatt, R., & VandeWalle, D. (2003). Reflections on the looking glass: A review of research on feedback-seeking behavior in organizations. *Journal of management*, 29(6), 773-799.

25 Mussweiler, T., Gabriel, S., & Bodenhausen, G. V. (2000). Shifting social identities as a strategy for deflecting threatening social comparisons. *Journal of personality and social psychology*, 79(3), 398-409.

26 Ashford, S. J., & Northcraft, G. B. (1992). Conveying more (or less) than we realize: The role of impression-management in feedback-seeking. *Organizational Behavior and Human Decision Processes*, 53(3), 310-334.

27 Larsen, R. J., & Prizmic, Z. (2004). Affect regulation. In R. F Baumeister & K. D. Vohs (Eds.) *Handbook of self-regulation: Research, theory, and applications* (pp. 40-61). Guilford Press.

28 Beattie, S., Woodman, T., Fakehy, M., & Dempsey, C. (2016). The role of performance feedback on the self-efficacy-performance relationship. *Sport, Exercise, and Performance Psychology*, 5(1), 1-13.

29 Oettingen, G., Marquardt, M. K., & Gollwitzer, P. M. (2012). Mental contrasting turns positive feedback on creative potential into successful performance. *Journal of Experimental Social Psychology*, 48(5), 990-996.

30 Hirschy, A. J., & Morris, J. R. (2002). Individual differences in attributional style: The relational influence of self-efficacy, self-esteem, and sex role identity. *Personality and Individual Differences*, 32(2), 183-196.

31 Maddux, J. E., & Gosselin, J. T. (2012). Self-efficacy. In M. R. Leary & J. P. Tangney (Eds.), *Handbook of self and identity* (2nd ed., pp. 218-238). The Guilford Press.

32 Polivy, J., & Herman, C. P. (2002). If at first you don't succeed: False hopes

of self-change. *American Psychologist*, 57(9), 677-689.

33 Diener, E., Suh, E., & Oishi, S. (1997). Recent findings on subjective well-being. *Indian journal of clinical psychology*, 24, 25-41.

34 Caprara, G. V., Steca, P., Gerbino, M., Paciello, M., & Vecchio, G. M. (2006). Looking for adolescents' well-being: Self-efficacy beliefs as determinants of positive thinking and happiness. *Epidemiology and Psychiatric Sciences*, 15(1), 30-43.

35 Reuter, T., Ziegelmann, J. P., Wiedemann, A. U., Geiser, C., Lippke, S., Schüz, B., & Schwarzer, R. (2010). Changes in intentions, planning, and self-efficacy predict changes in behaviors: An application of latent true change modeling. *Journal of health psychology*, 15(6), 935-947.

36 Sheeran, P., & Orbell, S. (2000). Using implementation intentions to increase attendance for cervical cancer screening. *Health psychology*, 19(3), 283-289.

8장 실패와 실수를 잘 활용하려면: 마인드셋

1 Yeager, D. S., Johnson, R., Spitzer, B. J., Trzesniewski, K. H., Powers, J., & Dweck, C. S. (2014). The far-reaching effects of believing people can change: implicit theories of personality shape stress, health, and achievement during adolescence. *Journal of personality and social psychology*, 106(6), 867-884.

2 Paunesku, D., Walton, G. M., Romero, C., Smith, E. N., Yeager, D. S., & Dweck, C. S. (2015). Mind-set interventions are a scalable treatment for academic underachievement. *Psychological science*, 26(6), 784-793.

3 Yeager, D. S., Trzesniewski, K. H., & Dweck, C. S. (2013). An implicit theories of personality intervention reduces adolescent aggression in response to victimization and exclusion. *Child development*, 84(3), 970-988.

4 Burnette, J. L., O'boyle, E. H., VanEpps, E. M., Pollack, J. M., & Finkel, E. J. (2013). Mind-sets matter: a meta-analytic review of implicit theories and self-regulation. *Psychological bulletin*, 139(3), 655-701.

5   Molden, D. C., & Dweck, C. S. (2006). Finding "meaning" in psychology: a lay theories approach to self-regulation, social perception, and social development. *American psychologist*, 61(3), 192-203.

6   Dweck, C. S., Chiu, C. Y., & Hong, Y. Y. (1995). Implicit theories and their role in judgments and reactions: A word from two perspectives. *Psychological inquiry*, 6(4), 267-285.

7   Schroder, H. S., Dawood, S., Yalch, M. M., Donnellan, M. B., & Moser, J. S. (2016). Evaluating the domain specificity of mental health-related mindsets. *Social Psychological and Personality Science*, 7(6), 508-520.

8   Dweck, C. S., & Leggett, E. L. (1988). A social-cognitive approach to motivation and personality. *Psychological review*, 95(2), 256-273.

9   Grant, H., & Dweck, C. S. (2003). Clarifying achievement goals and their impact. *Journal of personality and social psychology*, 85(3), 541-553.

10   Hong, Y. Y., Chiu, C. Y., Dweck, C. S., Lin, D. M. S., & Wan, W. (1999). Implicit theories, attributions, and coping: a meaning system approach. *Journal of Personality and Social psychology*, 77(3), 588-599.

11   Ehrlinger, J., Mitchum, A. L., & Dweck, C. S. (2016). Understanding overconfidence: Theories of intelligence, preferential attention, and distorted self-assessment. *Journal of Experimental Social Psychology*, 63, 94-100.

12   Robins, R. W., & Pals, J. L. (2002). Implicit self-theories in the academic domain: Implications for goal orientation, attributions, affect, and self-esteem change. *Self and identity*, 1(4), 313-336.

13   Moser, J. S., Schroder, H. S., Heeter, C., Moran, T. P., & Lee, Y. H. (2011). Mind your errors: Evidence for a neural mechanism linking growth mind-set to adaptive posterror adjustments. *Psychological science*, 22(12), 1484-1489.

14   Mangels, J. A., Butterfield, B., Lamb, J., Good, C., & Dweck, C. S. (2006). Why do beliefs about intelligence influence learning success? A social cognitive neuroscience model. *Social cognitive and affective neuroscience*, 1(2), 75-86.

15   Burnette, J. L., Pollack, J. M., Forsyth, R. B., Hoyt, C. L., Babij, A. D.,

Thomas, F. N., & Coy, A. E. (2020). A growth mindset intervention: Enhancing students' entrepreneurial self-efficacy and career development. *Entrepreneurship Theory and Practice*, 44(5), 878-908.

16 Mrazek, A. J., Ihm, E. D., Molden, D. C., Mrazek, M. D., Zedelius, C. M., & Schooler, J. W. (2018). Expanding minds: Growth mindsets of self-regulation and the influences on effort and perseverance. *Journal of Experimental Social Psychology*, 79, 164-180.

17 Nussbaum, A. D., & Dweck, C. S. (2008). Defensiveness versus remediation: Self-theories and modes of self-esteem maintenance. *Personality and Social Psychology Bulletin*, 34(5), 599-612.

9장 자기조절의 방향과 기준: 우선순위

1 Cameron, C. D., Hutcherson, C. A., Ferguson, A. M., Scheffer, J. A., Hadjiandreou, E., & Inzlicht, M. (2019). Empathy is hard work: People choose to avoid empathy because of its cognitive costs. *Journal of Experimental Psychology: General*, 148(6), 962-976.

2 Drach-Zahavy, A., & Erez, M. (2002). Challenge versus threat effects on the goal-performance relationship. *Organizational Behavior and Human Decision Processes*, 88(2), 667-682.

3 Roney, C. J., & Lehman, D. R. (2008). Self-Regulation in Goal Striving: Individual Differences and Situational Moderators of the Goal-Framing/Performance Link. *Journal of Applied Social Psychology*, 38(11), 2691-2709.

4 Morisano, D., Hirsh, J. B., Peterson, J. B., Pihl, R. O., & Shore, B. M. (2010). Setting, elaborating, and reflecting on personal goals improves academic performance. *Journal of applied psychology*, 95(2), 255-264.

5 Locke, E. A., & Latham, G. P. (2002). Building a practically useful theory of goal setting and task motivation: A 35-year odyssey. *American psychologist*, 57(9), 705.

6 Locke, E. A. (2000). Motivation, cognition, and action: An analysis of studies of task goals and knowledge. *Applied Psychology*, 49(3), 408-429.

7 Winters, D., & Latham, G. P. (1996). The effect of learning versus outcome goals on a simple versus a complex task. *Group & Organization Management*, 21(2), 236-250.

8 Shah, J. Y., Friedman, R., & Kruglanski, A. W. (2002). Forgetting all else: on the antecedents and consequences of goal shielding. *Journal of personality and social psychology*, 83(6), 1261.

9 E. A. Locke & G. P. Latham (Eds.), *New developments in goal setting and task performance*. New York, NY: Routledge.

에필로그

1 Ríos, A. (2020). A House Called Tomorrow. *Not Go Away Is My Name* (pp. 87-88). Copper Canyon Press.